Manuela Kjeilen

Die Backfee
Zuckersüß

Zarte Cupcakes, Cookies, Kuchen und andere Versuchungen

Text, Rezepte, Styling: Manuela Kjeilen
Bearbeitung der Rezepte: Ann Høydalsnes
Texte: Manuela Kjeilen
Umschlagfotos: Manuela Kjeilen und Trude Färdig
Fotos: Trude Färdig: Seiten 4, 7, 16, 45, 63, 69, 83, 99, 107, 110, 124, 153, 195, 249, 263, 282; Laila Adolfsen: Seiten 39, 47, 134, 199, 202; Daniel Kjeilen: Seiten 44, 68, 77, 82, 98, 216 drittes und viertes Bild von oben, 244; Momo Sabah: Seite 216 erstes und zweites Bild von oben, 220; alle anderen Fotos: Manuela Kjeilen
Layout: Nina Jul
Satz und Covergestaltung: Arnold & Domnick
Übersetzung: Julia Gschwilm
Lektorat & Korrektorat: Bettina Snowdon
Programmleitung & Produktmanagement: Susanne Klar & Melissa Brosig
Druck & Bindung: APPL, Wemding

Die norwegische Originalausgabe ist im Verlag Exlibris Media AS, Oslo, Norwegen erschienen, und wurde für die deutsche Ausgabe von der Bennet Agency, Stockholm, Schweden vermittelt.

1. Auflage 2014

ISBN: 978-3-7724-7374-6 • Best.-Nr. 7374

Manuela Kjeilen

Die Backfee

Zuckersüß

Zarte Cupcakes, Cookies, Kuchen und andere Versuchungen

Lifestyle
BUSSE
SEEWALD

Inhalt

Vorwort

Es vergeht kein einziger Tag, an dem ich nicht dankbar für alles bin, was in so kurzer Zeit in meinem Leben passiert ist – zuerst mein Blog und danach mein erstes Buch. Ich bin all denen dankbar, die zu dem beigetragen haben, was es heute ist. Ohne euch hätte ich es nicht geschafft.

Genau am Weltfrauentag 2010 startete ich meinem Blog, der mir sehr am Herzen liegt. Er ist nach und nach auch ein Ort geworden, an dem ich auch selbst Inspiration von meinen fantastischen Leserinnen und Lesern bekomme, mit ihren aufmunternden Worten an jedem einzelnen Tag. Was für ein Glück, morgens den Computer einzuschalten und mit so viel Liebe empfangen zu werden.

Der Blog ist ein Ort geworden, an dem ich Freundschaften geschlossen habe, wie mit Janne Karlsen, die Sie auf den Seiten 199 und 244 zusammen mit mir auf den Fotos meiner Paris/London-Tour sehen. Eine fantastische Freundschaft, die langsam aufgeblüht ist, zuerst durch nette Nachrichten auf meiner Seite, und später, als wir uns im Kurs begegnet sind. Ich habe viele solcher Freundschaften geschlossen, darüber bin ich einfach nur dankbar.

Hinter meinem Blog und meinen Büchern stehen viele Menschen, die dazu beigetragen haben, dass das Ganze zu dem wurde, was es heute ist. In erster Linie will ich allen danken, die in meinem Blog aktiv sind und ermunternde Worte und Grüße hinterlassen. Ich bin so gerührt. Ich will Ihnen danken, dass Sie dieses Buch gekauft haben. Es bedeutet viel für mich, und ich hoffe, Sie haben viel Freude daran und werden zum Backen inspiriert. Ich möchte auch meinem lieben Mann danken, denn ohne ihn hätte ich das alles nicht geschafft – ich bin so froh über all die Hilfe und Unterstützung.

Das Buch *Die Backfee Zuckersüß* zu machen, das sie in den Händen halten, hat einfach unglaublich viel Spaß gemacht. In diesem Buch will ich meine Backwelt weiter mit Ihnen teilen. Ich habe versucht, ein Buch zu machen, wie ich es selbst gerne kaufen würde – mit einfachen, aber guten Rezepten, leichten Beschreibungen und schönen Bildern.

Ich hoffe, das Buch verschafft Ihnen genauso viel Backfreude, wie ich sie hatte, als ich die Rezepte dafür entwickelt habe.

Frohe Backtage!

Love

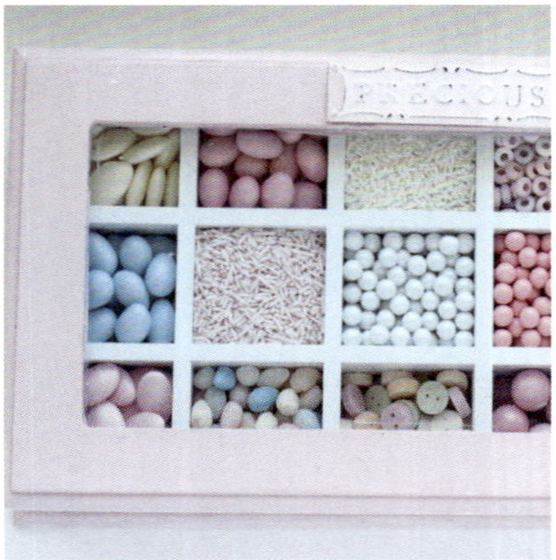

Backtipps

Ich liebe Backen. Ich liebe Kuchen, Cupcakes oder leckere Kekse, es macht sowohl mir als auch meiner Familie große Freude. Wenn Sie mit Liebe backen und die Rezepte genau befolgen, kann es nur gut werden!

Zutaten

Eier: Ich verwende immer Eier, die mindestens eine Stunde bei Zimmertemperatur gelegen haben.
Schokolade: Ich verwende zum Backen immer belgische Callebaut-Schokolade. Man bekommt sie als dunkle, helle und weiße Schokolade sowie mit Karamell- und Erdbeergeschmack.
Butter: Butter sollte immer mindestens eine Stunde bei Zimmertemperatur liegen, bevor sie verwendet wird.
Mehl und Backpulver: Ich bin sehr sorgfältig darin, Mehl und Backpulver zusammen zu sieben, und ich siebe oft drei- bis fünfmal. Wenn das Backpulver gleichmäßig in der Masse verteilt ist, werden die Kuchen hoch und luftig.
Vanille: Wenn Sie echte Vanille verwenden, gibt das ein besonderes Deluxe-Gefühl. Schneiden Sie die Vanilleschote längs auf und kratzen Sie das Mark heraus. Ich verwende auch oft reinen Vanilleextrakt in meinen Rezepten, das ist eine Auszug aus in Alkohol eingelegter Vanilleschote. Er ist sehr ausgiebig und reicht lange. Vanilleextrakt kann man beispielsweise in einem guten sortierten Backwarenladen oder im Internet kaufen. Ersatzweise verwendet man gemahlene Vanille, Vanillemark oder Bourbon-Vanillezucker.

Backen

Ich backe alles auf der mittleren Schiene, wenn nichts anderes angegeben ist. Umluft verwende ich für Kekse, damit sie locker und knusprig werden. Für Kuchen und Cupcakes verwende ich keine Umluft. Wenn ich Cupcakes backe, benutze ich am liebsten ein Muffinblech und gebe einen Eisportionierer voll Teig in jede Form. Dann bekommen alle Cupcakes die gleiche Größe.

Perlen und Dekoration

In diesem Buch habe ich meistens selbst gemachte Perlen verwendet. Ich liebe die kindliche Freude beim Dekorieren mit Süßigkeiten. Es gibt so viele leckere pastellfarbene Süßigkeiten, die mich beim Backen inspirieren.
Viel von der Dekoration, den Süßigkeiten und Perlen, die ich im Buch verwendet habe, habe ich bei candy.com gekauft. Die hübsche Pastellbox von Rivièra Maison habe ich rosa gestrichen und ein Schild mit „Precious“ angebracht. Du bist wertvoll, vergiss das nie!

Startpaket

Falls Sie einen Rat brauchen, was ein gutes Startpaket wäre, würde ich Folgendes vorschlagen:

Es gibt Unmengen von Tüllen, die man zum Dekorieren von Cupcakes oder Kuchen verwenden kann – hier sind die, die ich am häufigsten verwende.

Wilton 1 B-Tülle für eine elegante Rose und Ruffles
Wilton 1 M-Tülle für eine markante und schöne Rose
Wilton 1 A-Tülle für einen einfachen Swirl
große französische Tülle
große offene Sterntülle

Die Tüllen gibt es bei Internetversendern (Adressen siehe Seite 288)

Ansonsten hat man am besten in der Schublade:

Ein Set runde Ausstechformen, hervorragend um Formen und Kekse auszustechen.

Eine gute Teigrolle, die leicht zu halten ist. Sie ist perfekt, um Marzipan oder Fondant auszurollen.

Eine kleine Schere – super, um Dekorationen auszuschneiden.

Für spezielle Anlässe kann es auch praktisch sein, ein paar Extras zu haben.

Silikonformen sind sehr einfach zu verwenden. Man drückt das Marzipan oder den Fondant in die Form, dreht die Form um und drückt die Figur heraus. Wenn die Form tief ist, stellen Sie sie am besten für eine Viertelstunde in den Gefrierschrank, bevor Sie die Figur herausdrücken. Lassen Sie die Figur lufttrocknen, bevor Sie sie auf den Kuchen setzen. Formen und Moulds finden Sie in vielen Varianten im Internet.

Happy baking to you all!

Cupcakes

Express Vanilla Cupcakes

LA Style Cupcakes

Vintage Dots Cupcakes

Cute as a Button Fairy Cupcakes

Cute Button Cupcakes

Very Vanilla Cupcakes

Tiffany Cupcakes

Couture Cupcakes

Sweet Pink Marshmallows Cupcakes

Vanilla Cupcake & Candy Frosting

White Vanilla Cupcakes

Triple Vanilla Cupcakes & Beautiful Flower

Super Moist Chocolate Cupcakes

Mon Cheri Cupcakes

Licorice Delight Dark Chocolate & Lemon Cupcakes

Old fashioned Cupcakes

Oreo Brownies Cupcakes

Luscious Lemon Cupcakes

Portobello Road Cupcakes

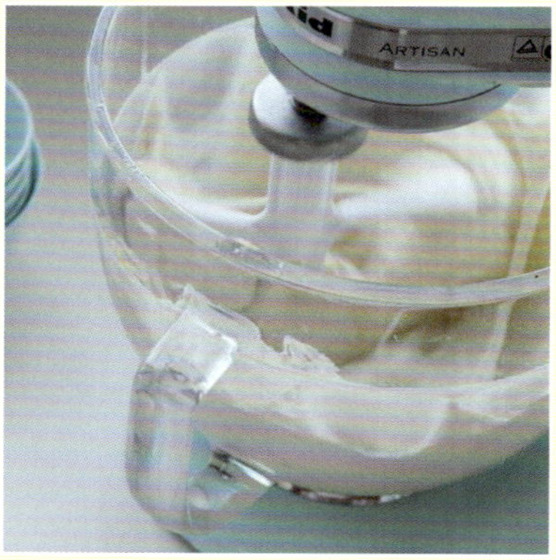

Express Vanilla Cupcakes

Diese Vanille-Cupcakes sind schnell und einfach zu machen und gelingen immer gut! Express Vanilla Cupcakes isst man am besten am selben Tag, an dem man sie macht.

12 CUPCAKES

125 g zimmerwarme Butter
3 zimmerwarme Eier (Größe M)
190 g Weizenmehl
1½ TL Backpulver
150 g Zucker
100 ml Milch
1 TL Mark einer Vanilleschote

Den Backofen auf 180 °C vorheizen. Für ein gutes Resultat ist es wichtig, dass Eier und Butter Zimmertemperatur haben.

Alle Zutaten in eine Schüssel geben und ca. 4 Minuten mixen, bis die Masse locker und luftig ist.

Einen Eisportionierer oder 3 Esslöffel voll Teig in jede Muffinform geben. 18–20 Minuten backen. Aus dem Ofen nehmen und ganz abkühlen lassen, bevor Sie das Gebäck evtl. mit Creme dekorieren.

Tipp!
Verwenden Sie einen Eisportionierer, damit alle Cupcakes gleich groß werden: Je 1 Portion in jede Muffinform.

100 SACS

CUPCAKES
make me
HAPPY

LA Style Cupcakes

Als ich im Winter in LA war und die Magnolia Bakery besuchte, weckten ihre typischen Pastell-Cupcakes mein Interesse – so hübsch in süßen Pastellfarben! Magnolia verwendet Buttercreme, während ich lecker-luftiges Angel Feather Icing darauf gebe. Der Geschmack ist wunderbar – er ist so luxuriös wegen der Vanillesauce und der Vanilleschote darin. Weil in LA alles so exklusiv ist, ist dies der perfekte Name für sie!

24 CUPCAKES

500 ml fertige Vanillesauce
1 Vanilleschote
200 g zimmerwarme Butter
300 g Zucker
4 zimmerwarme Eier (Größe M)
420 g Weizenmehl
2 TL Backpulver
2 EL Maisstärke
1 TL reines Vanilleextrakt, ersatzweise gemahlene Vanille

Angel Feather Icing (siehe Seite 22)

Den Backofen auf 200 °C vorheizen.

MAGNOLIA
MAGNO
BAKE
NEW YOR

Für ein gutes Resultat ist es wichtig, dass Butter und Eier Zimmertemperatur haben.

Die Vanillesauce in einen Topf geben. Die Vanilleschote längs aufschlitzen, das Mark herauskratzen und zusammen mit der Stange in die Vanillesauce geben (die Stange wird später entfernt). Die Vanillesauce aufkochen und gründlich rühren, dann den Topf von der Platte ziehen. Mindestens 30 Minuten abkühlen lassen, sodass sich der Vanillegeschmack besser entfaltet.

Weiche Butter und Zucker zu einer luftigen Buttercreme mixen. Die Eier nacheinander hinzufügen und zu einer lockeren Masse mixen. Ich mixe sie ziemlich lange.

Mehl, Backpulver, Maisstärke (für das beste Resultat mindestens dreimal gesiebt), Vanillesauce und Vanilleextrakt hinzufügen. Mit dem Teigschaber gut vermischen.

Einen Eisportionierer verwenden, damit alle Cupcakes gleich groß werden: Einen Löffel voll oder 3 Esslöffel in jede Muffinform geben. 20–25 Minuten backen, aus dem Ofen nehmen und ganz abkühlen lassen.

Angel Feather Icing in vielen tollen Pastellfarben daraufgeben und mit ein paar Streuseln bestreuen, wie sie es in der Magnolia Bakery in LA machen.

NEW YORK

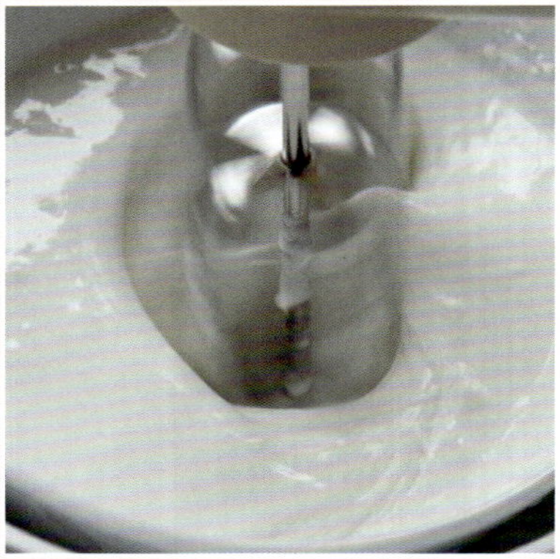

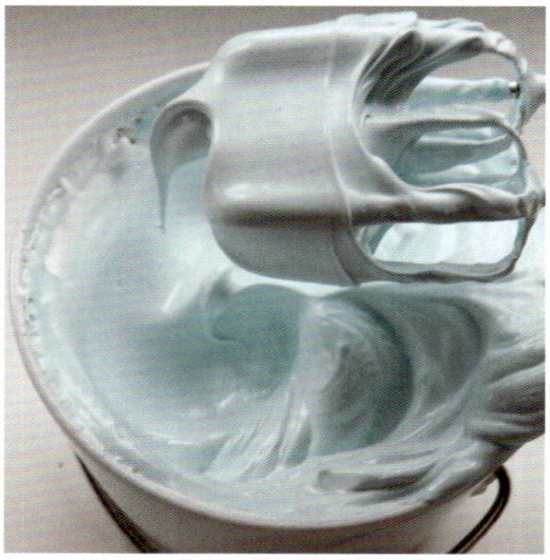

Angel Feather Icing

Dieses Frosting verwende ich schon lange. Irgendwann habe ich herausgefunden, dass es noch blanker und glänzender wird, wenn ich die Schüssel richtig in den Topf stelle (anstatt sie über das Wasserbad zu hängen), bis das Frosting fertig gemixt ist. Ich mache dieses Frosting immer bei meinen Cupcake-Kursen und höre oft jemanden sagen: »Oh wie lecker, das schmeckt ja wie Marshmallows…«

Für 24 Cupcakes oder einen Tortenboden mit 20 cm Durchmesser

2 Eiweiß
170 g Zucker
3 EL Traubenzucker
½ TL frisch gepresster Zitronensaft
1 TL reiner Vanilleextrakt oder ausgekratztes Mark von 1/2 Vanilleschote
evtl. ein paar Tropfen Lebensmittelfarbe

Wasser in einem Topf aufkochen. Eiweiße, Zucker, Traubenzucker und Zitronensaft mit 2 EL Wasser in eine Schüssel geben. Wenn Sie Vanillemark verwenden, können Sie es mit den anderen Zutaten hinzufügen.

Wenn das Wasser zu kochen beginnt, die Schüssel in den Topf stellen. Langsam mit dem Mixen beginnen – der Zucker braucht etwas Zeit, bevor er sich in der Wärme auflöst. Die Geschwindigkeit erhöhen, wenn der Zucker ganz aufgelöst ist. Den Topf die ganze Zeit auf der Platte lassen. Ca. 5 Minuten mixen, bis sich das Volumen der Masse verdreifacht hat. Den Topf von der Platte nehmen, evtl. Vanilleextrakt und Lebensmittelfarbe hinzufügen und 1 Minute weitermixen.

Angel Feather Icing hält sich bei Zimmertemperatur mindestens 2 Tage – und es ist hübsch und delikat als Verzierung von Cupcakes … und so unglaublich lecker … ich sage nur yummy!

Vintage Dots Cupcakes

Diese süßen Vintage-Cupcakes sind eigentlich Marzipantorten in Cupcake-Form – Vanillecreme und Früchte in der Mitte, leckeres Erdbeerfrosting obendrauf, eingepackt in süße Marzipan Vintage Dots. Mmmmm …

24 LA Style Cupcakes (siehe Seite 18)

Zitronensirup (siehe Seite 238)

100 g fertige Vanillecreme oder Crème pâtissière (siehe Seite 66)
100 g Früchte (Beeren, Kirschen, Ananasstücke etc. nach Belieben)

Strawberry Chocolate Frosting (siehe Seite 50)

300 g pastellfarbenes Marzipan

Den Backofen auf 200 °C vorheizen. Den Teig für LA Style Cupcakes zubereiten. 20–25 Minuten backen, aus dem Ofen nehmen und ganz abkühlen lassen.

Den Zitronensirup zubereiten und abkühlen lassen. Die Cupcakes mit Sirup beträufeln.

Die Früchte waschen und je nach Größe klein schneiden.

Mit einem Apfelentkerner von oben ein Loch in jeden Cupcake stechen, mit Vanillecreme füllen und ein paar Fruchtstücke hinein drücken.

Die Cupcakes mit Strawberry Chocolate Frosting bestreichen. Marzipan mit einer Prägerolle ausrollen, sodass es viele kleine Punkte bekommt.

Mit einer Ausstechform Marzipankreise ausstechen, die eine Spur größer sind als die Cupcakes selbst. Die Marzipandeckel vorsichtig auf die Cupcakes legen und die Ränder vorsichtig herunterdrücken.

Zuckersüß für Gäste, gerne zu einer Tasse Tee.

Cute as a Button Fairy Cupcakes

Diese herrlichen Pastell-Cupcakes mit Glasur sind perfekt für eine Babyshower. Die Knöpfe sind aus Marshmallow-Fondant, der eine schöne Alternative zu Marzipan ist, vor allem, wenn Sie keine Mandeln vertragen.

12 Express Vanilla Cupcakes (siehe Seite 14)

Glasur
415 g Puderzucker
4–5 EL Milch
3 EL Sahne
2 TL reiner Vanille- oder Zitronenextrakt
Evtl. ein paar Tropfen Lebensmittelfarbe

Marshmallow-Fondant (siehe Seite 28)

Den Backofen auf 180 °C vorheizen. Die Express Vanilla Cupcakes nach Rezept zubereiten und backen. Ganz abkühlen lassen.

Glasur
Puderzucker, Milch, Sahne und Vanille- oder Zitronenextrakt gut vermischen, bis die Masse eine schöne Konsistenz hat. Nach Bedarf mehr oder weniger Milch hinzufügen. Die Glasur aufteilen und in verschiedenen Pastellfarben nach Wunsch färben.

Jeden Cupcake mit 1 EL Glasur bestreichen. Etwas erstarren lassen, bevor Sie sie evtl. mit süßen Knöpfen dekorieren, siehe nächste Seite.

Tipp!
Wenn Sie einen säuerlichen Zitronengeschmack wünschen, verwenden Sie das Glasurrezept für Lemon Luxury Loaf (siehe Seite 234).

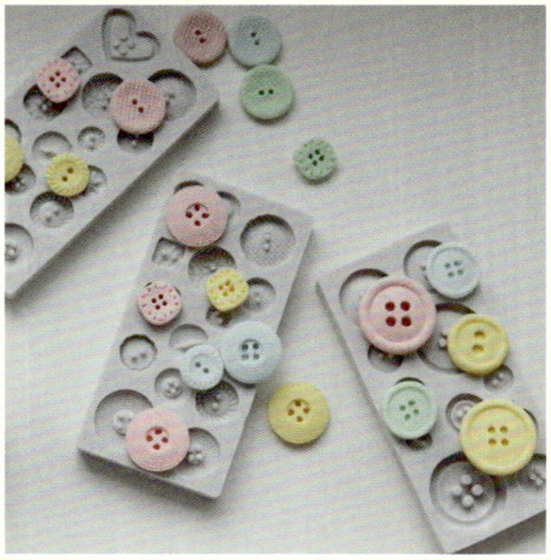
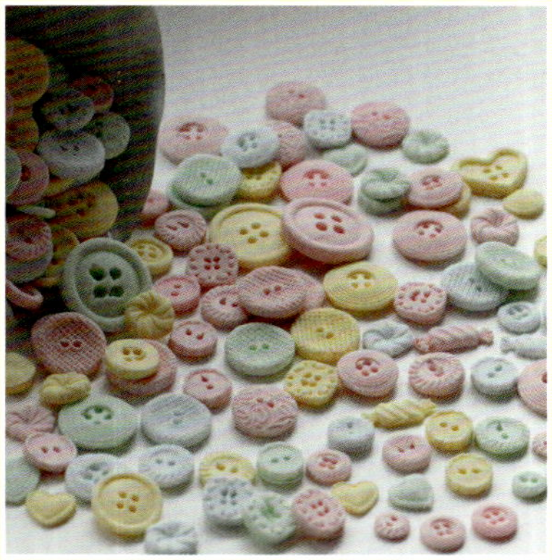

Marshmallow-Fondant

Supereinfach zu machen und sehr lecker!

200 g Marshmallows
1 TL reiner Vanilleextrakt, ersatzweise gemahlene Vanille
2–3 EL neutrales Pflanzenfett und etwas zum Fetten des Teigschabers sowie zum Bestreichen
Ca. 500 g Puderzucker
Evtl. ein paar Tropfen Lebensmittelfarbe

Marshmallows, 2 EL Wasser und Vanilleextrakt in eine große Schüssel geben. Für ca. 1 Minute in die Mikrowelle stellen. Den Teigschaber mit etwas Pflanzenfett einfetten und alles gut verrühren. Ca. 30 Sekunden zurück in die Mikrowelle stellen und wieder rühren, bis alles aufgelöst und flüssig ist. Pflanzenfett hinzufügen und gut umrühren. Nach und nach auch den Puderzucker hinzufügen und gut verrühren. Auf eine nicht haftende Backunterlage geben, den Rest des Puderzuckers einkneten, und schon ist der Fondant fertig.

Wünschen Sie Farbe, fügen Sie einfach einen Tropfen Lebensmittelfarbe im gewünschten Ton hinzu. Den Marshmallow-Fondant zu einer Kugel formen und mit etwas Pflanzenfett bestreichen. In einem Frischhalte-beutel ein paar Stunden oder über Nacht ruhen lassen.

Marshmallow-Fondant hält sich im Kühlschrank mehrere Wochen. Die süßen Knöpfe habe ich mit einer Silikonform gemacht.

Cute Button Cupcakes

Zuckersüße Cupcakes in vielen hübschen Pastellfarben sind perfekt für eine Babyshower und toll als Geschenk für jemanden, der ein Kind erwartet.

Cupcakes nach Wunsch
Marzipan oder Fondant in Pastellfarben
Evtl. ein paar Tropfen Lebensmittelfarbe
Mini-Minzpastillen
Aprikosenmarmelade, um sie unter das Marzipan zu streichen

Too Cute for Words
GIRL
BOY

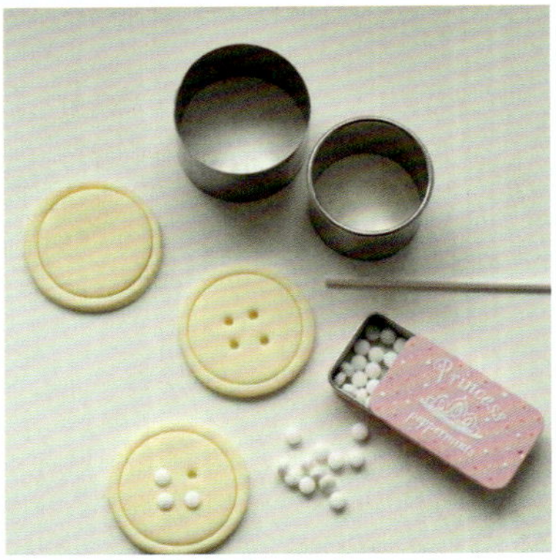

Cupcakes nach Wunsch backen und vor dem Dekorieren ganz abkühlen lassen.

Um die süßen Pastellknöpfe zu machen, brauchen Sie einen Keksausstecher, der genauso groß ist wie die Cupcakes, und einen, der etwas kleiner ist. Eine dicke Schicht Marzipan oder Fondant ausrollen. Mit dem großen Keksausstecher einen Kreis ausstechen. Dann mit dem kleinen Keksausstecher einen zweiten Kreis als Rand hineindrücken, aber das Marzipan nicht ganz durchstechen!
Dann z. B. mit einem Lutscherstiel 4 Löcher hineinstechen. In jedes Loch eine Minzpastille legen und hineindrücken.

Die Cupcakes mit etwas warmer Aprikosenmarmelade bestreichen und die süßen Knöpfe darauflegen.

Tipps!
Wenn Sie die Cupcakes noch leckerer machen wollen, können Sie mit einem Apfelentkerner in jeden von oben ein Loch stechen und sie mit Marmelade oder Vanillecreme füllen, bevor Sie den Knopf darauf legen.

Cupcakes für eine Babyshower zu backen macht so viel Spaß! Ich finde es schön, kleine Zettel mit positiven Worten zu basteln, und sie mit den Cupcakes und kleinen Schokoladen in rosa oder hellblauem Papier zusammenzulegen … wirklich niedlich!

Happy baking, und für alle, die Kinder erwarten: Genießt diese Zeit …

Too Cute for Words
I ♥ Mommy

Very Vanilla Cupcakes

Mit einer doppelten Dosis Vanille gebacken, was extra viel Vanillegeschmack gibt und sie perfekt für spezielle Anlässe wie z. B. eine Hochzeit macht. Ich bedecke die Cupcakes mit Vanilla Cream Cheese Frosting und verwende eine Sterntülle, um eine einfache, aber delikate Dekoration zu machen. Dann wird das Ganze noch mit pastellfarbenen Zuckermandeln geschmückt.

24 Cupcakes

415 g Weizenmehl
2 EL Maisstärke
1 EL Backpulver
475 g Zucker
225 g zimmerwarme Butter
4 zimmerwarme Eier (Größe M)
250 ml Milch
1 Vanilleschote
1 TL reiner Vanilleextrakt, ersatzweise gemahlene Vanille

Vanilla Cream Cheese Frosting (siehe Seite 38)

Überzogene Mandeln zur Dekoration

Den Backofen auf 175 °C vorheizen.

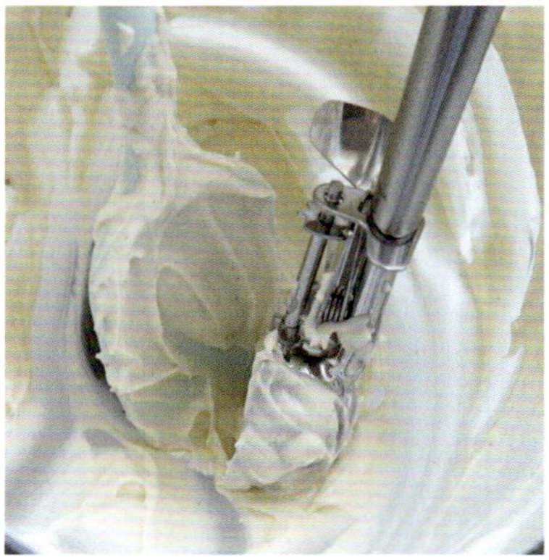

Mehl, Maisstärke und Backpulver dreimal zusammen sieben und in eine Rührschüssel geben. Zucker hinzufügen und ca. 1 Minute mixen. Butter ebenfalls hinzufügen (am besten Butter verwenden, die vor dem Beginn des Backens 1 Stunde bei Zimmertemperatur gestanden hat). Mixen, bis die Butter zerbröckelt ist. Die Eier nacheinander hinzufügen, dabei weiter mixen. Die Milch in drei Portionen hinzufügen. Die Vanilleschote aufschlitzen und das Mark auskratzen. Die Schüssel aus dem Mixer nehmen, Vanilleextrakt und Vanillemark hinzufügen und gut vermischen.

Diese Cupcakes sind besonders fein und perfekt für eine Hochzeit. Wenn Sie sie für den Alltag machen, können Sie auch nur Bourbon-Vanillezucker oder Vanilleextrakt verwenden und die Vanilleschote für einen ganz speziellen Anlass aufbewahren.

Mit einem Eisportionierer Teig in jede Cupcakeform geben. Auf der mittleren Schiene im Ofen 15–20 Minuten backen, bis die Cupcakes oben goldbraun sind. Ganz abkühlen lassen und mit dem Lieblingsfrosting dekorieren. Für diese Cupcakes habe ich Vanilla Cream Cheese Frosting verwendet. Ich habe es weiß gelassen und jeden Cupcake mit einer pastellfarbenen Mandel geschmückt.

Vanilla Cream Cheese Frosting

Dieses Frosting schmeckt herrlich auf Cupcakes oder als Füllung von Keksen und Torten. Es ist mit echtem Vanillemark gemacht, was ihm einen leckeren, reinen Vanillegeschmack gibt, und es hat eine luftige Konsistenz, die perfekt ist, um Cupcakes zu dekorieren. Färben Sie es mit Lebensmittelfarbe, wenn Sie eine spezielle Farbe vorziehen.

Für 24 Cupcakes oder einen Tortenboden mit 20 cm Durchmesser

1 Vanilleschote
200 g Butter
240 g Puderzucker
200 g Frischkäse
1 EL Zitronensaft

Die Vanilleschote aufschlitzen und das Mark auskratzen. Butter mit dem Vanillemark locker und seidenweich mixen. Puderzucker, Frischkäse und Zitronensaft hinzufügen. Luftig aufschlagen und dekorieren.

Tipp!
Als Variation können Sie zum Schluss 200 g geschmolzene weiße Schokolade hinzufügen. Weiter mixen, dann bekommen Sie ein herrliches Vanilla Cream Cheese Chocolate Frosting.

Tiffany Cupcakes

Absolut delikate Cupcakes, die perfekt sind, um sie z. B. bei einer Brautparty zu servieren. Sie sind aus demselben Teig gemacht wie der Vintage Vanilla Candy Cake und in Cupcake-Formen gebacken.

24 Vintage Vanilla Candy Cake Cupcakes (siehe Seite 170)

ZUSÄTZLICH
Maracuja-Trüffel, evtl. andere Schokolade

Zitronensirup (siehe Seite 238)

FROSTING
Vanilla Cream Cheese Frosting (siehe Seite 38)
200 g weiße Schokolade
Himmelblaue Lebensmittelfarbe

Marzipan oder Marshmallow-Fondant

Den Backofen auf 160 °C vorheizen. Den Teig für Vintage Vanilla Candy Cake zubereiten. Einen Eisportionierer voll Teig in jede Cupcakeform füllen.

TIFFANY & CO.

Einen Maracuja-Trüffel in die Mitte jeder Cupcakeform legen (ich friere die Trüffel ein, bevor ich die Cupcakes backe, damit sie nicht ganz nach unten sinken). Sie können hier auch andere Schokoladentrüffel oder ein Stück Ihrer Lieblingsschokolade verwenden. Im Ofen auf mittlerer Schiene ca. 25 Minuten backen. Nach 20 Minuten mit einem Holzstäbchen kontrollieren. Die Cupcakes aus dem Ofen nehmen, abkühlen lassen und mit Zitronensirup bestreichen, das gibt mehr Geschmack und macht sie saftiger.

Vanilla Cream Cheese Frosting zubereiten. Dafür die weiße Schokolade im Wasserbad schmelzen, zusammen mit dem Frischkäse hinzufügen und ganz zum Schuss ein paar Tropfen Lebensmittelfarbe untermischen, um die hübsche Tiffany-Farbe zu bekommen.

Mit einer Wilton 1 B-Tülle einen schönen Swirl formen, siehe Schritt-für-Schritt-Anleitung auf Seite 44. Sie können auch Marzipan oder Fondant als Dekoration verwenden. Dafür das Fondant ausrollen und mit einer Ausstechform, die genauso groß ist wie der Cupcake, Kreise ausstechen. Etwas Frosting unter den Fondant streichen, bevor er aufgelegt wird. Die hübschen Schleifen sind mit Karen Davies Silikon-Moulds gemacht.

TIFFANY & CO.

Wilton 1 B-Tipp Swirl

Mit einer 1 B-Tülle können Sie süße Swirls auf Torten und Cupcakes setzen.

Es ist wichtig, dass Sie eine stabile Creme verwenden, hier benutze ich Vanilla Cream Cheese Frosting.

Beginnen Sie am Rand und drücken Sie die Creme um den ganzen Rand. Machen Sie so viele Runden, wie Sie wollen. Drücken Sie die Tülle dann in der Mitte etwas herunter und ziehen Sie sie rasch nach oben, wenn die Dekoration die gewünschte Höhe hat.

BABY

»Pretty girls are the happiest girls« hat Audrey Hepburn Hepburn einmal gesagt. Ich liebe diese wunderbar verspielte Mode der 60er-Jahre einfach!

Manuela Kjeilen

ONE
PARIS
ASTRADAMUS REVIENT
JEAN GABIN

Couture Cupcakes

Dies sind etwas luxuriöser dekorierte Cupcakes, die sich für Hochzeiten oder andere große Anlässe eignen. Es braucht etwas Zeit, sie zu machen, aber sie sind es wert!

24 Cupcakes nach eigenem Geschmack

Marzipan- oder Marshmallow-Fondant
Evtl. ein paar Tropfen Lebensmittelfarbe

Aprikosenmarmelade

STRAWBERRY CHOCOLATE FROSTING
300 g Erdbeerschokolade
250 g Butter
120 g Puderzucker

Backen Sie 24 Cupcakes Ihrer Lieblingssorte.

Our Wedding

ROSEN UND PERLEN

RÜSCHENKANTE UND EINFACHE ROSE

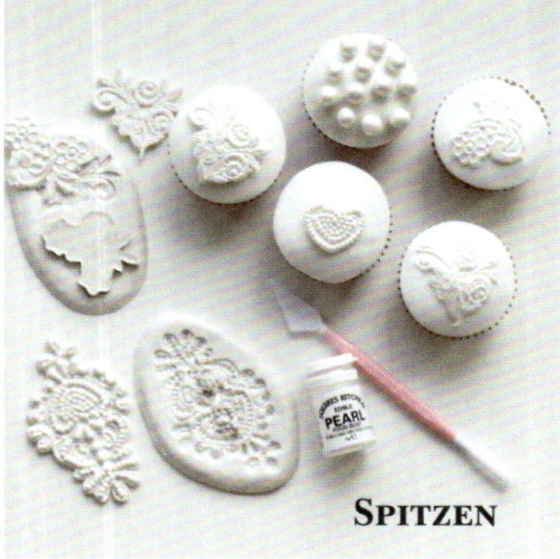

SPITZEN

MONOGRAMME

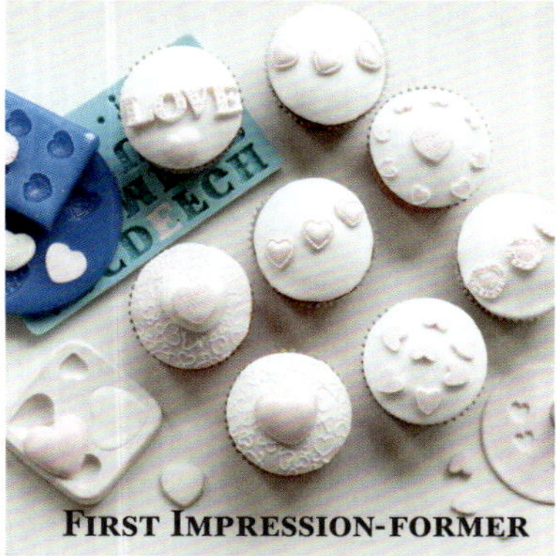

FIRST IMPRESSION-FORMER

Strawberry Chocolate Frosting

Die Erdbeerschokolade in der Mikrowelle schmelzen und abkühlen lassen. Butter und Puderzucker locker-cremig schlagen, die abgekühlte Schokolade hinzufügen und wieder luftig mixen.

Couture Dekoration

Das Marzipan mit ein paar Tropfen Lebensmittelfarbe färben. Meine Lieblingsfarbe ist rosa von Squire Kitchen.

ROSEN
Sie können mit Rosen dekorieren, die Sie nach der Schritt-für-Schritt-Anleitung auf Seite 192 machen. Man kann auch eine Rosenform kaufen und Marzipan oder Fondant hineindrücken.

PERLEN
Hübsche Marzipanperlen in schönen Farben sind perfekt für eine Hochzeit. Wollen Sie besonderen Glanz, können Sie sie mit etwas Perlenspray besprühen. Wie man die Perlen macht, sehen Sie auf Seite 70.

RÜSCHENKANTE
Eine andere elegante Dekoration ist eine Rüschenkante aus Fondant oder Marzipan mit einer einfachen Rose in der Mitte. Fondant ausrollen und mit einer Ausstechform einen Kreis ausstechen. Den Kreis auf eine Blumen-Modellierplatte legen und mit einem Ball Tool vorsichtig über den Rand rollen. Etwas Frosting unter den Fondant streichen, bevor er aufgelegt wird.

Einfache Rose

Um die Rose herzustellen, schneidet man ein längliches Stück Fondant aus. Zwei Drittel davon über das letzte Drittel falten. Den einen Rand etwas nach innen falten und zusammenrollen. Für eine Weile Zahnstocher zwischen die Rosenblätter stecken, sodass die Blätter nach außen stehen, anschließend wieder entfernen. Mit essbarem Klebstoff oder etwas Creme befestigen.

Spitzen

Etwas Perlenpulver (im Internet bestellen) in die Spitzenform streuen, ein bisschen Fondant ausrollen, den Fondant in die Form legen, den anderen Teil der Form darauf legen und die Teile aufeinander drücken. Den überflüssigen Fondant mit einem scharfen Messer abschneiden. Restlichen Fondant ausrollen und mit einer Ausstechform, die genauso groß ist wie der Cupcake, einen Kreis ausstechen. Etwas Frosting unter den Fondant streichen, bevor er aufgelegt wird. Die Spitze mit etwas essbarem Kleber oder Wasser darauf befestigen.

Monogramme

Monogramme sind auch schick für eine Hochzeit. Marzipan dünn ausrollen, eine Monogrammschablone darauf legen und ein Frosting in Rosa oder einer anderen Farbe darauf streichen.

First Impression-Formen

Herzen aller Art sind auch perfekt für einen besonderen Anlass. Diese wurden mit First Impression-Formen gemacht, die mit Buchstaben ist von Martha Stewart. Marzipan oder Fondant in die Form drücken und vorsichtig herausdrücken. Man kann auch Mini-Herzausstecher verwenden.

Sweet Pink Marshmallows Cupcakes

Zuckersüße Cupcakes mit zerdrückter Banane und Hafer im Teig – eine unglaublich leckere Kombination. Das Topping ist Vanilla Bean Frosting mit einem kleinen pastellfarbenen Marshmallow darauf.

24 Cupcakes

200 g zimmerwarme Butter
255 g Zucker
4 zimmerwarme Eier (Größe M)
420 g Weizenmehl
2 TL Backpulver
500 ml fertige Vanillesauce
1–2 reife Bananen
80 g Haferflocken

Vanilla Bean Frosting (siehe Seite 56)
Evtl. ein paar Tropfen Lebensmittelfarbe

Marshmallows zum Dekorieren

Den Backofen auf 180 °C vorheizen.

Es ist wichtig, dass Eier und Butter eine Weile bei Zimmertemperatur gestanden haben, bevor Sie anfangen! Weiche Butter und Zucker in eine Rührschüssel geben. Gut vermischen, bis die Masse luftig wird. Die Eier nacheinander hinzufügen, nach jedem Ei ca. 2 Minuten mixen. Wenn alle Eier hinzugefügt sind, Mehl, Backpulver und Vanillesauce einrühren.

Dann zerdrückte Banane und Haferflocken hinzufügen. Die Haferflocken geben Extra-»Crunch«, und zusammen mit Banane und Vanille wird der Geschmack einfach perfekt.

Einen Eisportionierer voll Teig in jede Cupcakeform geben. 20–25 Minuten backen, aus dem Ofen nehmen und ganz abkühlen lassen.

Mit Vanilla Bean Frosting dekorieren. Die Hälfte des Frostings hellrosa färben. Mit einer Wilton 1 B-Tülle Wirbel formen, siehe Seite 44.

Mit rosa Marshmallows auf der weißen Creme und weißen Marshmallows auf der rosa Creme dekorieren.

Schmeckt superlecker zusammen mit Erdbeermilch!

Tipp!
Als Variation können Sie etwas gehackte Schokolade in den Teig geben – das wird absolut köstlich!

Vanilla Bean Frosting

Dieses Frosting ist super-yummy und perfekt sowohl für Cupcakes als auch für Torten.

FÜR 30–40 CUPCAKES ODER 2 TORTENBÖDEN MIT 20 CM DURCHMESSER.

1 Vanilleschote oder reiner Vanilleextrakt
7 Eiweiß
425 g Zucker
Evtl. ein paar Tropfen Lebensmittelfarbe

Die Vanilleschote aufschlitzen, das Mark auskratzen und mit Eiweiß und Zucker in eine Schüssel geben.

Wasser in einem Topf aufkochen. Die Schüssel über das kochende Wasser hängen und die Masse mit dem Schneebesen ca. 4 Minuten schlagen, bis sich der Zucker aufgelöst hat. In eine Rührschüssel füllen und ca. 7 Minuten mixen, bis sich die Schüssel nicht mehr warm anfühlt.

Wenn Sie hübsche Pastellfarben wünschen, können Sie je nach Lust und Laune einen Tropfen Lebensmittelfarbe hinzufügen und ca. 1 Minute weiter mixen.

Vanilla Cupcake & Candy Frosting

Dies ist ein neues, verbessertes Grundrezept für meine Lieblings-Vanillecupcakes. Testen Sie selbst, welchen Geschmack sie lieber mögen: mit Vanillesauce, Sahne oder Milch. Ich selbst favorisiere Vanillesauce, für den besonderen Luxusgeschmack …

24 Cupcakes

420 g Weizenmehl
2 TL Backpulver
200 g zimmerwarme Butter
1 Vanilleschote, 1–2 TL Bourbon-Vanillezucker oder 1 TL reiner Vanilleextrakt
255 g Zucker
4 zimmerwarme Eier (Größe M)
500 ml fertige Vanillesauce, Sahne oder Milch

Candy Frosting (siehe Seite 60)

Den Backofen auf 200 °C vorheizen. Mehl und Backpulver mindestens fünfmal sieben, um ein besonders feines Resultat zu erhalten. Die zimmerwarme Butter in eine Rührschüssel geben. Vanilleschote längs aufschlitzen (falls verwendet) und das Mark auskratzen. Zusammen mit dem Zucker hinzufügen und luftig mixen. Die Eier nacheinander hinzufügen. Denken Sie daran, dass die Eier vor der Verwendung mindestens 1 Stunde bei Zimmertemperatur liegen sollten. Nach jedem Ei 1 Minute mixen.

Mehl und Backpulver in den Teig sieben. Mit einem Teigschaber Vanillesauce, Sahne oder Milch unterheben. Alles gut vermischen. Einen Eisportionierer voll Teig in jede Cupcakeform geben. Ca. 15 Minuten backen, herausnehmen und ganz abkühlen lassen.

Mit Candy Frosting dekorieren – das Rezept dafür finden Sie auf der nächsten Seite. Verwenden Sie eine Vintage 1 B-Tülle für das Dekor. Eine Schritt-für-Schritt-Illustration dazu finden Sie auf Seite 62.

Candy Frosting

Dieses Frosting macht Spaß, denn Sie können dafür genau die Süßigkeiten verwenden, die Sie am liebsten mögen – es eignen sich alle Arten: Gummibärchen, Lakritz, Bonbons und so weiter. Hier habe ich Erdbeerbonbons verwendet. Ich habe keine Lebensmittelfarbe benutzt, aber wenn Sie helle Süßigkeiten verwenden und eine spezielle Farbe möchten, fügen Sie sie am besten dann hinzu, bevor Sie das Frosting locker mixen.

Für 24 Cupcakes oder einen Tortenboden mit 20 cm Durchmesser

300 g Sahne
80 g Süßigkeiten nach Wahl
Evtl. ein paar Tropfen Lebensmittelfarbe

Die Sahne erhitzen, aber nicht kochen. Den Topf vom Herd nehmen und nach Lust und Laune Süßigkeiten hinzufügen. Gut rühren, bis sich alles aufgelöst hat. Das Ganze für ca. 6 Stunden in den Kühlschrank stellen. Wenn Sie Farbe wünschen, können Sie nach Belieben einen Tropfen Lebensmittelfarbe hinzufügen.

Luftig schlagen, aber nicht mehr als 2 Minuten, sonst riskieren Sie, dass die Masse gerinnt. Jetzt ist das Frosting fertig zum Gebrauch.

Coffee & Cupcakes
everything better!

Dekor mit Vintage-Tülle 1 B

Ich liebe es, dieselbe Tülle zu verwenden, aber trotzdem den Stil meiner Cupcakes zu verändern. Diese Vintage-Tülle ist einer meiner Favoriten.

Zu allererst ist es wichtig, eine stabile Creme zu benutzen. Einen Spritzbeutel zur Hälfte mit der Creme füllen, dann haben Sie ihn besser unter Kontrolle und können mehr Druck auf ihn ausüben. Beginnen Sie ganz außen und gehen Sie im Zickzack rundherum vor. Drücken Sie zum Schluss die Tülle in die Creme und ziehen Sie sie rasch wieder heraus.

Dekorieren Sie mit hübschen, weichen Lebensmittelperlen, die sich auf jedem Cupcake gut machen. Und denken Sie daran, dass diese Aufgabe Training erfordert, und dass Übung den Meister macht!

White Vanilla Cupcakes

Diese Cupcakes werden mit dem Teig für Vintage Vanilla Candy Cake zubereitet.

24 Vintage Vanilla Candy Cake Cupcakes (siehe Seite 170)

Crème pâtissière (siehe Seite 66)

Vanilla Bean Frosting (siehe Seite 56)
Evtl. ein paar Tropfen Lebensmittelfarbe

Marzipan
Marzipanperlen (siehe Seite 70)

Den Backofen auf 160 °C vorheizen. Den Teig für Vintage Vanilla Candy Cake zubereiten. Mit einem Eisportionierer einen Löffel voll in jede Cupcakeform geben. Die Cupcakes auf der mittleren Schiene im Ofen ca. 25 Minuten backen. Nach 20 Minuten mit einem Holzstäbchen kontrollieren. Aus dem Ofen nehmen und ganz abkühlen lassen. Mit einem Apfelentkerner von oben ein Loch in die Mitte stechen. Crème pâtissière hineinspritzen.

Mit Vanilla Bean Frosting dekorieren, dann haben sie den dreifachen Vanillegeschmack. Die Rosen sind mit einer Wilton 1 B-Tülle gemacht, die Vorgehensweise finden Sie auf Seite 68. Mit leckeren selbst gemachten Perlen bestreuen.

Um Schildchen herzustellen, müssen Sie Marzipan ausrollen – ich verwende immer extraweißes Marzipan, das ich mit Lebensmittelfarbe färbe, hier in zartrosa. Einen sauberen Stempel nehmen (gibt es in vielen Bastelläden) und in das Marzipan drücken.

Zuckersüß. »Dream big« ist extra für Sie bestimmt!

Thank You
dream BIG
Thank You

Crème pâtissière

Crème pâtissière ist eine füllige, dicke Vanillecreme, die man aus Milch, Eigelb, Zucker und Maisstärke macht. Sie können den Geschmack variieren, indem Sie geschlagene Sahne, Schokolade und Früchte hinzufügen.

500 ml Milch
1–2 TL reiner Vanilleextrakt oder 1 Vanilleschote
4 Eigelb
75 g Zucker
40 g Maisstärke

Milch und Vanilleextrakt bzw. aufgeschlitzte Vanilleschote in einen Topf geben und zum Kochen bringen. Eigelbe, Zucker und Maisstärke in einer Schüssel miteinander verschlagen, bis die Masse schön luftig wird.

Die kochende Milch langsam hinzufügen (die Vanilleschote herausnehmen, falls Sie eine benutzt haben). Dabei gut schlagen. Anschließend alles zurück in den Topf gießen. Bei schwacher Hitze ca. 5 Minuten weiterschlagen.

Die Masse wieder in eine Schüssel geben. Mit Frischhaltefolie abdecken und beiseite stellen, bis die Creme abgekühlt ist.

Wilton 1 B-tipp Rose

Mit einer 1 B-Tülle können Sie eine Menge hübscher Rosen für Torten und Cupcakes machen.

Es ist wichtig, dass Sie eine stabile Creme verwenden; hier benutze ich Angel Feather Icing.

Beginnen Sie in der Mitte und drücken Sie etwas Creme heraus. Heben Sie den Spritzbeutel an, sodass Sie eine große Knospe bekommen. Dann um die Knospe herum weiterspritzen. Halten Sie sich dicht an der Knospe, während Sie die Tülle ständig nach unten drücken. Drücken Sie zum Abschluss die Tülle noch etwas weiter nach unten.

Wenn der Abschluss nicht schön wird, setzen Sie einfach eine hübsche Perle darauf, um den Fehler zu kaschieren.

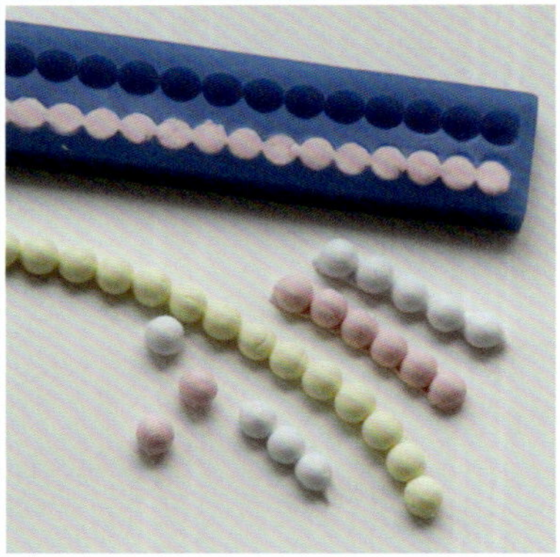

Home made Pearls

Ich liebe Perlen und ich liebe es, Perlen selbst zu machen, die im Stil genau zu dem Cupcake oder Kuchen passen, den ich gerade backe. Perlen selbst zu machen ist leicht – und sie werden so viel hübscher als gekaufte. Selbst gemachte Perlen sind auch ein superschönes Geschenk für eine backfreudige Freundin.

Fondant oder weißes Marzipan
Lebensmittelfarbe
Evtl. etwas CMC- bzw. Tylose-Pulver (macht die Perlen fest; siehe Seite 288)
Eine Perlenform (ist nicht notwendig, aber macht es leichter, alle Perlen in der gleichen Größe zu machen, siehe Seite 288)
Neutrales Pflanzenfett
Perlenpulver (siehe Seite 288)

Verwenden Sie extraweißes Marzipan und färben Sie es mit pastellfarbener Lebensmittelfarbe – ein kleiner Tropfen auf einem Zahnstocher ist ausreichend. Eventuell pro 400 g Marzipan 1–2 Teelöffel CMC- bzw. Tylose-Pulver hinzufügen.

Das Marzipan in die Perlenform drücken. Sorgen Sie dafür, dass jedes Perlenloch ganz mit Marzipan gefüllt ist. Die Form eventuell 2 Minuten in den Gefrierschrank stellen, bevor Sie sie umdrehen und die kleinen Kugeln herausdrücken. Wenn Sie keine Form haben, drehen Sie mit den Händen vorsichtig kleine Marzipankugeln. Fetten Sie Ihre Hände gerne mit etwas Fett ein, um zu verhindern, dass das Marzipan an den Handflächen festklebt, und um den Perlen eine glatte Oberfläche zu geben. Dann eventuell mit etwas Perlenpulver bestreuen, um ein bisschen Glanz zu erhalten.

Nun sind die Perlen fertig. Verwahren Sie sie in einem hübschen Perlenkästchen. Machen Sie gleich viele auf einmal in hübschen Pastellfarben …

Triple Vanilla Cupcakes & Beautiful Flower

Dies ist einer meiner Cupcake-Favoriten, weil er eine dreifache Dosis Vanille enthält: erstens Vanillesauce, dann leckere selbst gemachte Crème pâtissière und außerdem das Mark einer Vanilleschote … Ja, das sind Luxus-Cupcakes, perfekt für einen ganz besonderen Anlass. Ich dekoriere sie mit leckerem Vanilla Bean Frosting und einer hübschen Marzipanblume.

24 Cupcakes

420 g Weizenmehl
2 TL Backpulver
35 g Maisstärke
200 g zimmerwarme Butter
255 g Zucker
4 zimmerwarme Eier (Größe M)
1 Vanilleschote
400 ml fertige Vanillesauce
150 g Crème pâtissière (siehe Seite 66)

Vanilla Bean Frosting (siehe Seite 56)

Marzipanblumen als Dekoration (siehe Seite 76)
Evtl. ein paar Tropfen Lebensmittelfarbe

Den Backofen auf 180 °C vorheizen.

Mehl, Backpulver und Maisstärke mindestens drei- bis fünfmal sieben, um ein besonders gutes Resultat zu erzielen. Die zimmerwarme Butter mit dem Zucker im Mixer luftig aufschlagen. Nacheinander die zimmerwarmen Eier hinzufügen. Nach jedem Ei 1 Minute mixen. Nun die Mehlmischung in die Schüssel sieben. Die Vanilleschote aufschlitzen und das Mark auskratzen. Zusammen mit Vanillesauce und Crème pâtissière hinzufügen. Schnell mit der Maschine oder einem Teigschaber vermischen. Einen Eisportionierer voll Teig in jede Cupcakeform geben und 15–20 Minuten backen.

Aus dem Ofen nehmen, ganz abkühlen lassen und mit Vanilla Bean Frosting Swirls dekorieren. Verwenden Sie eine 1 B-Tülle, siehe Schritt-für-Schritt-Anleitung Seite 44. Zum Schluss eine hübsche Marzipanblume darauf legen.

Beautiful Flower

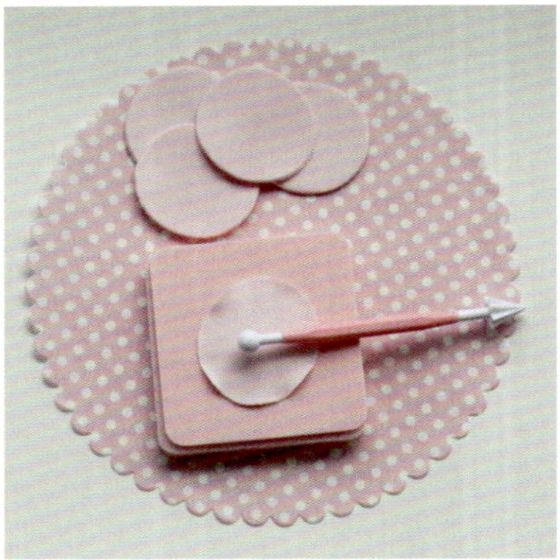

Diese Blume ist einfach zu machen und sehr dekorativ. Wenn Sie sie aus weißem Marzipan formen und in Pastellfarben färben, bekommen Sie niedliche, einzigartige Blumen.

Marzipan oder Fondant
evtl. ein paar Tropfen Lebensmittelfarbe
Blumen-Modellierplatte und Ball Tool (siehe Seite 288)
evtl. etwas weiße Schokolade oder Erdbeerschokolade zum Befestigen

Das Marzipan oder den Fondant evtl. in einer hübschen Farbe Ihrer Wahl färben. Marzipan oder Fondant ausrollen. Mit einer runden Ausstechform fünf Kreise ausstechen.

Die Kreise auf eine Blumen-Modellierplatte legen und mit einem Ball Tool vorsichtig über die Ränder rollen. Dann jeden Kreis einmal und dann noch einmal in der Mitte falten.
Vier fertig gefaltete Kreise mit der Spitze gegeneinander legen. Etwas Schokolade erwärmen und in die Mitte träufeln. Den letzten gefalteten Kreis in die Mitte setzen.

Die Schokolade ganz erstarren lassen und die hübsche Blume auf den Cupcake legen.

Die schönste Blume von allen sind Sie, Sie sind einzigartig – vergessen Sie das nie!

Super Moist Chocolate Cupcakes

Dies sind meine Lieblings-Schokoladencupcakes – so weich und unglaublich saftig. Sie werden am Tag danach noch besser, also machen Sie sie am besten einen Tag vorher und bewahren Sie sie bei Zimmertemperatur auf. Ich habe sie mit Dark Chocolate Cheese Frosting dekoriert, das ist einfach pure Yumminess ist. Enjoy!

24 Cupcakes

70 g dunkle Schokolade (mind. 70% Kakaoanteil)
250 ml kochendes Wasser und 2 TL lösliches Espressopulver oder 250 ml heißer Kaffee
2 TL reiner Vanilleextrakt oder 2 TL Bourbon-Vanillezucker
190 g Weizenmehl
155 g Kakaopulver (100 %)
1½ TL Natron
½ TL Backpulver
2 zimmerwarme Eier (Größe L)
125 ml zimmerwarmes Pflanzenöl
250 g Sahne
500 g Zucker

Dark Chocolate Cheese Frosting **(siehe Seite 86)**

Zuckerstreusel

Den Backofen auf 180 °C vorheizen.

Alle Zutaten bereitstellen – denken Sie daran, dass Eier und Öl Zimmertemperatur haben müssen. Zu Beginn die Schokolade in Stücke brechen und den heißen Kaffee und den Vanilleextrakt über die Schokoladenstücke gießen. Mindestens 15 Minuten abkühlen lassen. Mehl, Kakaopulver, Natron und Backpulver in eine Schüssel sieben. Die Eier in einer Rührschüssel ca. 2 Minuten schlagen. Den Mixer auf niedrige Geschwindigkeit stellen und Öl hinzufügen. 30 Sekunden weiterschlagen. Hier ist es wichtig, dass Sie nicht zu lange mixen. Die abgekühlte Schokoladenmischung, Sahne und Zucker hinzufügen. Nur 2 Minuten mixen. Die Maschine ausschalten und die Kakao-Mehl-Mischung hinzufügen.

Den Teig durch ein Sieb streichen, sodass er völlig klümpchenfrei wird, dann bekommen Sie feinere Cupcakes. Einen Eisportionierer voll Teig in jede Cupcakeform füllen und ca. 20 Minuten backen. Immer mit einem Holzstäbchen kontrollieren, bevor Sie die Cupcakes aus dem Ofen nehmen.

Ganz abkühlen lassen, bevor Sie die Cupcakes mit Dark Chocolate Cheese Frosting dekorieren. Zum Schluss mit Zuckerstreuseln bestreuen.

Große Sterntülle

Diese Sterntülle ist besonders groß, sodass Sie nur einen Swirl auf jedem Cupcake brauchen.

Ein passend großes Loch in einen Plastikbeutel schneiden, die Tülle von innen durch in das Loch schieben, den Beutel mit einer stabilen Creme füllen und die Creme gut herunterdrücken. Sorgen Sie dafür, dass Sie den Beutel gut unter Kontrolle haben; beginnen Sie ganz außen und führen Sie die Tülle einmal rundherum. Nehmen Sie sich Zeit – es eilt nicht. Gehen Sie zum Abschluss nach oben, drücken Sie die Tülle in der Mitte herunter und ziehen Sie sie schnell hoch.

Viel Glück, das schaffen Sie!

Mon Chéri Cupcakes

Der Geschmack von Southern Chocolate Cake zusammen mit Mon Chéri ist einfach pure Yumminess. Der Name für diese Cupcakes kommt von den Pralinen desselben Namens. Ich liebe Italien, nachdem ich im Frühjahr dort war und von dort Mon Chéri mitgenommen habe – bella Cupcakes, bella Italia!

24 VINTAGE CHOCOLATE CAKE CUPCAKES (SIEHE SEITE 184)

24 Kirschpralinen (Mon Chéri)

Dark Chocolate Cheese Frosting (siehe Seite 86)

Kirschen zur Dekoration

Den Backofen auf 180 °C vorheizen. Vintage Chocolate Cake zubereiten und einen Eisportionierer voll Teig in jede Cupcakeform geben. In jeden Cupcake eine Kirschpraline drücken.

Die Cupcakes im Ofen auf der mittleren Schiene 20–25 Minuten backen. Nach 20 Minuten mit einem Holzstäbchen überprüfen. Herausnehmen und ganz abkühlen lassen.

Mit Dark Chocolate Cheese Frosting in einem einfachen, aber eleganten Swirl dekorieren, wie Sie es in der Schritt-für-Schritt-Anleitung auf Seite 44 sehen. Das Ganze mit einer »Cherry on top« abschließen … Wunderbar delikat und so hübsch!

Dark Chocolate Cheese Frosting

Dies ist eine herrliche Schokoladencreme, in die ich Frischkäse mit Schokoladengeschmack gebe. Wenn Sie keinen Frischkäse mögen, können Sie ihn weglassen und haben immer noch ein delikates Frosting.

Für 24 Cupcakes oder einen Tortenboden mit 20 cm Durchmesser

400 g Schokolade
350 g zimmerwarme Butter
100 g Puderzucker
25 g Kakaopulver
1 Packung zimmerwarmer Frischkäse mit Schokolade (175 g; z. B. Philadelphia mit Milka)

Die Schokolade in Stücke teilen und erhitzen. Ganz abkühlen lassen und zunächst zur Seite stellen. Butter und Puderzucker zusammen sehr luftig schlagen.

Das Kakaopulver mit 50 ml kochend heißem Wasser vermischen. Die abgekühlte Schokolade, die Kakaomischung und den Frischkäse mit Schokolade in die Butter-Puderzucker-Mischung geben. Schnell luftig schlagen und sofort mit dieser herrlichen Creme dekorieren.

Tipp!
Wünschen Sie das Frosting mit Mokkageschmack, können Sie ein paar Teelöffel starken Kaffee hinzufügen.

Licorice Delight Dark Chocolate & Lemon Cupcakes

Diese Cupcakes sind einfach unwiderstehlich lecker – der Geschmack von Schokolade zusammen mit Zitrone und Lakritz ist der Himmel! Ich habe sie als Extra-Delight mit leckerer Trüffelcreme dekoriert. Dann verziere ich das Ganze mit hübschem englischen Konfekt. Enjoy!

24 Cupcakes

85 g reines Kakaopulver
330 g Weizenmehl
1 TL Natron
1 TL Backpulver
1 TL Salz
340 g zimmerwarme Butter
280 g Zucker
4 zimmerwarme Eier (Größe L)
1 EL reiner Vanilleextrakt, ersatzweise gemahlene Vanille
250 g saure Sahne oder Crème fraîche
100–150 g Schokoladenknöpfe
1–2 TL Lakritzpulver (siehe Seite 288)

Lemon Curd (siehe Seite 104)

Trüffelcreme (siehe Seite 160)
1 Packung Frischkäse mit Schokoladengeschmack (z.B. Philadelphia mit Milka)
Englisches Konfekt zur Dekoration

Den Backofen auf 180 °C vorheizen.

Das Kakaopulver mit 200 ml heißem Wasser mischen und zur Seite stellen. Mehl, Natron, Backpulver und Salz in einer zweiten Schüssel vermischen. Butter und Zucker bei mittlerer Hitze in einer Pfanne schmelzen. In eine Rührschüssel geben und ca. 4 Minuten mixen, bis die Masse abgekühlt ist. Die Eier nacheinander hinzufügen und nach jedem Ei ca. 1 Minute mixen. Vanilleextrakt und die Kakaomischung hinzufügen. Eine weitere Minute mixen, dann saure Sahne oder Crème fraîche dazugeben. Die Mehlmischung, Schokoladenknöpfe und Lakritzpulver einrühren.

Jeweils einen Eisportionierer voll Teig in mittelgroße Cupcakeformen geben. Auf der mittleren Schiene ca. 20 Minuten backen, aus dem Ofen nehmen und ganz abkühlen lassen.

Mit einem Apfelentkerner von oben ein Loch in die Mitte stechen und mit Lemon Curd füllen. Trüffelcreme zubereiten, 30 Minuten in den Kühlschrank stellen, dann in eine Rührschüssel geben und den Frischkäse mit Schokoladengeschmack hinzufügen. Das Ganze locker schlagen und sofort dekorieren. Hier habe ich eine französische Tülle benutzt. Zum Schluss mit hübschem englischen Konfekt verzieren.

Die Kombination von Schokoladen-Cupcake mit Lakritz-Geschmack, Lemon Curd in der Mitte und Truffle Cream Cheese obendrauf ist unglaublich lecker. Ich sage nur: Please, somebody stop me!

Old fashioned Cupcakes

Ich träume mich fort in ein amerikanisches Diner der sechziger Jahre, in dem man Cupcakes bekommt, wo aus der Jukebox Grease-Songs klingen und leckere Milchshakes serviert werden, während es sonnig und warm ist, und draußen fröhliche Kinder spielen …

24 Vanilla Cupcakes (siehe Seite 58)

ZUSÄTZLICH
3 Schokoladen-Kokos-Riegel (z. B. Bounty)
80 g reines Kakaopulver

Vanilla Bean Frosting (siehe Seite 56)

Kirschen als Dekoration

Den Backofen auf 200 °C vorheizen.

Den Teig für Vanilla Cupcakes zubereiten, dabei Sahne verwenden. Die Sahne erhitzen. Drei Schokoladen-Kokos-Riegel in die heiße Sahne geben. Ganz abkühlen lassen und in den Teig mischen. Das Kakaopulver in 50 ml heißem Wasser auflösen. Die Kakaomischung abkühlen lassen und unter den Teig rühren. Einen Eisportionierer voll Teig in jede Cupcakeform füllen.

Die Cupcakes im Ofen auf mittlerer Schiene ca. 15 Minuten backen. Herausnehmen, ganz abkühlen lassen und mit Vanilla Bean Frosting dekorieren.

Süße Kirschen obendrauf sehen hübsch aus und sind herrlich delikat.

CAKES

Oreo Brownies Cupcakes

Ich liebe Cupcakes, ich liebe Oreo-Kekse, und ich liebe Brownies. Was kann da besser sein, als alle drei zu mischen? Und mit geschlagener Sahne darauf wird es der reinste Luxus!

24 Cupcakes

260 g zimmerwarme Butter
150 g dunkle Schokolade (mind. 70% Kakaoanteil)
160 g Zucker
65 g reines Kakaopulver
2 TL Bourbon-Vanillezucker
4 zimmerwarme Eier (Größe M)
200 g Frischkäse
100 g Weizenmehl
150 g Oreo-Kekse

Schokoladensauce
150 g Sahne
120 g dunkle Schokolade (mind. 70 % Kakaoanteil)

Himbeer-Topping
300 g Sahne
5 EL Zucker
2 EL Himbeerpüree

Den Backofen auf 190 °C vorheizen.

Butter und Schokolade im Wasserbad schmelzen. Zucker und Kakaopulver hinzufügen, wenn alles ganz geschmolzen ist. Gut verrühren. Dann Vanillezucker ebenfalls hinzufügen und vorsichtig verrühren. Nun die Eier hinzufügen. Vorsicht! Jetzt darf nicht mehr viel gerührt werden, sonst wird es Kuchenteig und keine Brownies. Den Frischkäse einrühren. Zum Schluss das Mehl hinzufügen, aber es ist wichtig, das Ganze nicht zu stark zu mischen.

Einen Oreo-Keks in jede Muffinform legen und einen großen Eisportionierer voll Teig hinzufügen. 12–15 Minuten backen.

Schokoladensauce
Während die Cupcakes im Ofen sind, wird die Schokoladensauce zubereitet, die darüber gegeben wird: Die Sahne erhitzen und über die zerkleinerte Schokolade gießen. Ein paar Minuten stehen lassen und gut verrühren.

Ca. 1 EL Sauce oder mehr über jeden ganz abgekühlten Brownie-Cupcake gießen. Man kann sie dann sofort genießen oder die Sauce erstarren lassen (sie erstarrt schneller, wenn man die Cupcakes für 15 Minuten in den Gefrierschrank stellt).

Mit herrlicher geschlagener gezuckerter Sahne, vermischt mit Himbeerpüree dekorieren. Nehmen Sie eine Wilton 1M-Tülle und machen Sie eine kleine Rose, siehe nächste Seite.

Als Variation können Sie auch mit frischen Früchten oder einer anderen Creme nach Belieben dekorieren.

Wilton 1 M-Tipp Rose

Mit dieser Tülle können Sie niedliche Rosen machen. Denken Sie daran: Übung macht den Meister!

Es ist wichtig, eine stabile Creme zu verwenden, hier nehme ich geschlagene Sahne vermischt mit Himbeerpüree.

Beginnen Sie in der Mitte und drücken Sie Creme heraus. Heben Sie den Spritzbeutel an, sodass eine große Knospe entsteht. Weiter um die Knospe herum spritzen, dabei dicht an der Knospe bleiben und die Tülle die ganze Zeit nach unten drücken. Zum Abschluss die Tülle noch etwas weiter nach unten drücken und rasch hochziehen. Wenn der Abschluss nicht schön wird, eine hübsche Perle darauf legen, um den Fehler zu kaschieren.

Luscious Lemon Cupcakes

Im Sommer war ich als Jurymitglied eines Cupcake-Wettbewerbs auf das American Festival in Vanse eingeladen. Trunken, ein amerikanischer Laden, hatte einen rosa Cadillac für mich gemietet, damit ich zusammen mit allen anderen an der Parade teilnehmen konnte. Was für ein Erlebnis … Unforgettable! Meine Mit-Juroren waren der amerikanische Botschafter Barry B. White und die Country-Sängerin Tina Vale. Wir verfielen alle drei diesen Zitronen-Cupcakes – wir konnten nicht aufhören, sie zu essen. Vom glücklichen Gewinner bekam ich das Rezept, das ich mit Ihnen teilen darf. Enjoy!

25 Cupcakes

425 g Zucker
200 g zimmerwarme Butter
4 zimmerwarme Eier (Größe M)
1 TL reiner Vanilleextrakt, ersatzweise gemahlene Vanille
Abgeriebene Schale von 3 unbehandelten Zitronen
240 g Weizenmehl
½ TL Salz
1 gehäufter EL Backpulver
250 ml Schwedenmilch
Ca. 2 EL Zitronensaft

Evtl. etwas Zitronensirup (siehe Seite 238)

Lemon Curd (siehe Seite 104)

Angel Feather Icing (siehe Seite 22)

Zuckerstreusel

Den Backofen auf 160 °C vorheizen.

Zucker und Butter weiß und cremig rühren. Die Eier nacheinander hinzufügen und gut mischen. Vanilleextrakt und abgeriebene Zitronenschale einrühren. Immer abwechselnd portionsweise Mehl, Salz, Backpulver, Schwedenmilch und Zitronensaft hinzufügen. Rühren, bis alles gut vermischt ist. Auf der mittleren Schiene im Ofen ca. 30 Minuten backen. Herausnehmen und abkühlen lassen.

Nach dem Backen kann man die Cupcakes evtl. mit etwas Zitronensirup bestreichen.

Die Cupcakes sind hier mit Lemon Curd und Angel Feather Icing dekoriert. Verwenden Sie eine Wilton 1 A-Tülle und spritzen Sie die Creme darauf. Mit Zuckerstreuseln bestreuen.

Lemon Curd

Lemon Curd ist einfach zu machen und eignet sich perfekt als Füllung für Torten und Cupcakes oder für leckeren Cheesecake. Enjoy!

Saft von 1–2 Zitronen (ca. 100 ml)
2 TL abgeriebene Schale einer unbehandelten Zitrone
75 g Zucker
4 Eigelb
60 g Butter

Alle Zutaten in eine Schüssel geben. Die Schüssel über einen Topf mit kochendem Wasser hängen. Schlagen, bis die Masse die richtige Konsistenz hat. Die Schüssel vom Topf nehmen und die Creme in verschließbare Gläser füllen. Abkühlen lassen und im Kühlschrank aufbewahren. Hält sich zwei Wochen.

LEMON
Curd

THE WORLD IS FULL
OF BEAUTIFUL THINGS,
LIKE YOU!

Love Manuela

Portobello Road Cupcakes

Die Inspiration zu dieser Versuchung bekam ich in der Portobello Road in London. Wir machten gerade Fotoaufnahmen, aber es regnete, also gingen wir in eine Bäckerei. Dort fiel mein Blick auf einen Custard Cream Cupcake. Yummy!

24 Vanilla Cupcakes (siehe Seite 58)

ZUSÄTZLICH
250 g Frischkäse mit Ananas-Mango-Geschmack (z. B. Exquisa)
Saft von 2 Zitronen
Abgeriebene Schale einer unbehandelten Zitrone
Apfelstücke

CUSTARD CREAM
Vanilla Cream Cheese Frosting (siehe Seite 38)
100 ml Crème pâtissière (siehe Seite 66)

Den Backofen auf 160 °C vorheizen.

Die Vanilla Cupcakes backen, aber die Sahne aus dem Rezept durch den Frischkäse ersetzen. Butter und Zucker schaumig schlagen wie im Rezept beschrieben. Dann Frischkäse, Zitronensaft und abgeriebene Zitronenschale hinzufügen und luftig-locker schlagen. Mehl und Backpulver hinzufügen und gut vermischen. Einen Eisportionierer voll Teig in jede Form füllen. Mit Apfelstücken bestreuen.

Die Cupcakes im Ofen auf mittlerer Schiene ca. 30 Minuten backen. Herausnehmen, abkühlen lassen und mit Custard Cream dekorieren.

CUSTARD CREAM
Vanilla Cream Cheese Frosting zubereiten. Crème pâtissière hinzufügen und verrühren.

Die Cupcakes mit Custard Cream in Form einer Rose dekorieren, siehe Seite 68.

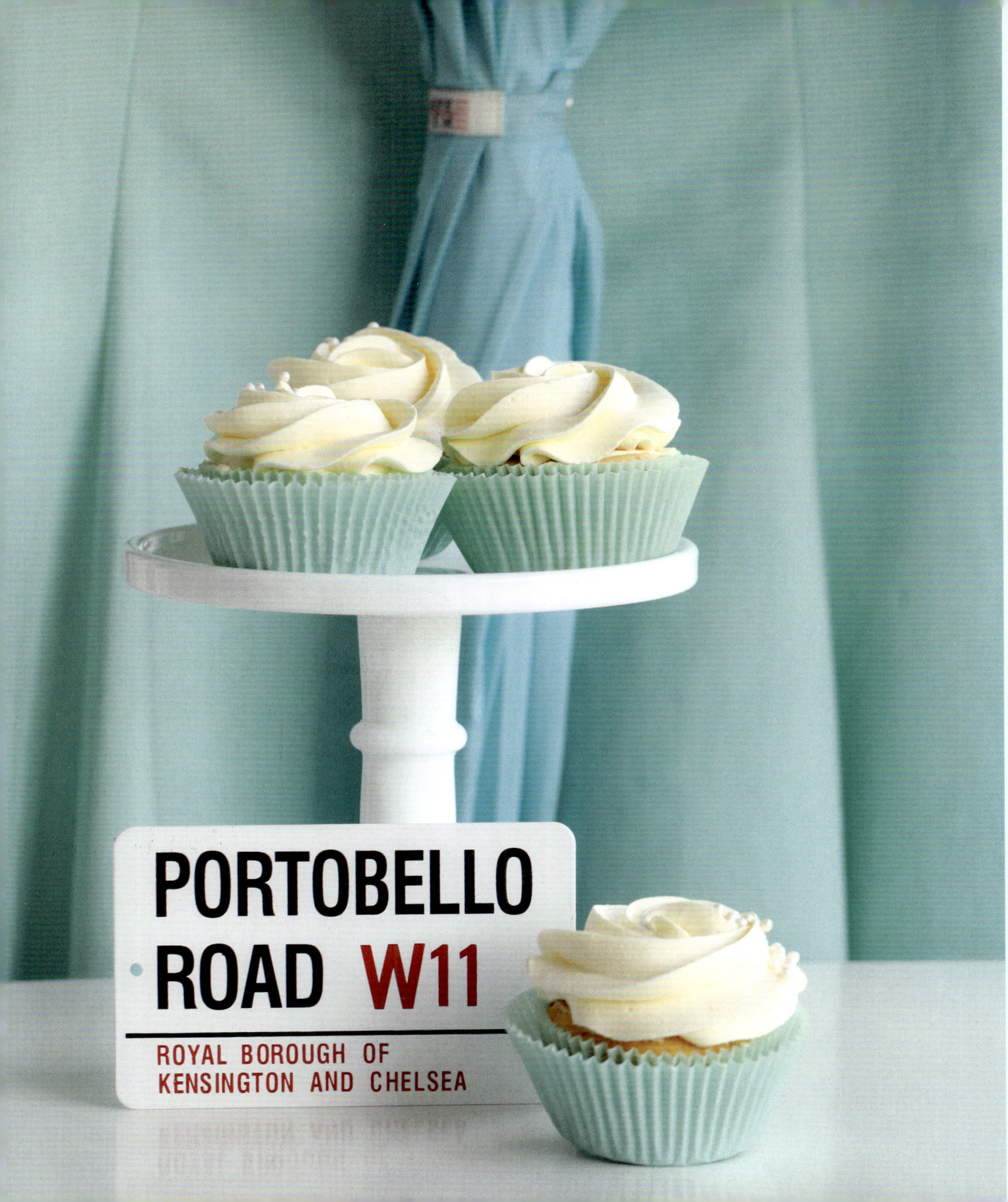
PORTOBELLO
ROAD W11
ROYAL BOROUGH OF
KENSINGTON AND CHELSEA

I'm singing
in the rain …
fröhliche Pastellfarben
bringen auch regnerische
Tage zum Leuchten!

Manuela Kjeilen

Cookies

Baked Cookie Cups with Ice Cream & Raspberry

Brownie Cookies & Peanut Cream Cheese Frosting

Chocoprince Cookies

Home-made Oreo Biscuits & Cream Cheese Frosting

Strawberry Macarons

Chocolate Macarons

Moon Pies

Oreo Cheesecake & Chocolate Cookies

Crispy Chocolate Cookies

Chocolate Dipped Potato Chip Cookies

Baked Cookie Cups with Ice Cream & Raspberry

Das ultimative Dessert müssen wohl diese Kekse sein, in Formen gebacken und mit Vanilleeis darauf, sobald sie aus dem Ofen genommen werden … Ein paar frische Himbeeren dazu … I'm in heaven! Aber man kann sie natürlich auch einfach ohne das alles genießen!

50 Kekse oder 15 Dessertschälchen

230 g zimmerwarme Butter
170 g Zucker
150 g brauner Zucker
2 Eier (Größe M)
1–2 TL reiner Vanilleextrakt, ersatzweise gemahlene Vanille oder starker Kaffee
290 g Weizenmehl
1 TL Natron
300 g Schokoladenknöpfe (z. B. von Callebaut oder Lindt)
100 g Walnüsse

Vanilleeis

Himbeeren

Den Backofen auf 175 °C vorheizen.

Cookies and dreams
Cookie

Butter, Zucker und braunen Zucker ca. 3 Minuten schaumig schlagen. Die Eier nacheinander dazugeben. Zusammen mit dem letzten Ei Vanilleextrakt oder starken Kaffee hinzufügen. Weitere 2 Minuten schaumig rühren. Mehl und Natron gut vermischen. Die Mischung in den Teig geben und mixen, bis alles gut vermischt ist. Die Schokoladenknöpfe und die Walnüsse einrühren. Die Walnüsse können weggelassen werden, wenn man sie nicht mag.

Für Cookies pro Keks einen Eisportionierer voll Teig auf ein mit Backpapier ausgelegtes Backbleck geben und ca. 11 Minuten backen. Für Baked Cookie Cups 2–3 EL Teig in jede gefettete Form füllen. Ca. 15 Minuten backen. Ich verwende gern Umluft, wenn ich diese Kekse backe. Ich finde, sie werden dann lockerer.

Die Baked Cookie Cups mit Eis und Beeren belegen, und wenn Sie ganz über die Stränge schlagen wollen, mit etwas geschmolzener Schokolade beträufeln. Wenn schon, denn schon!

Dann muss man nur noch genießen … und genießen …

and dreams
and dreams

Brownie Cookies & Peanut Cream Cheese Frosting

Diese herrlichen Kekse können Sie vernaschen, wie sie sind, oder für ein Deluxe-Erlebnis mit leckerem Peanut Cream Cheese Frosting füllen.

30 Kekse

250 g dunkle Schokoladenknöpfe
40 g Butter
1 Vanilleschote (kann weggelassen werden)
2 Eier
150 g Zucker
50 g Weizenmehl
½ TL Backpulver
1 TL starker, kalter Kaffee

Vanilla Cream Cheese Frosting (siehe Seite 38)
100 g Erdnussbutter

Den Backofen auf 180 °C vorheizen.

200 g der Schokoladenknöpfe zusammen mit der Butter in einen Topf geben und schmelzen lassen. Die restlichen Schokoladenknöpfe vorerst beiseite legen. Die Vanilleschote (wenn verwendet) längs aufschlitzen und das Mark herauskratzen. Mark mit Eiern und Zucker in eine Rührschüssel geben. Ca. 8 Minuten mixen, bis alles cremig und locker geschlagen ist. Mehl und Backpulver hinzufügen. Zum Schluss starken kalten Kaffee, die abgekühlte Schokolade und den Rest der Schokoladenknöpfe einrühren. Die Schüssel mindestens 10 Minuten stehen lassen, sodass die Masse etwas eindickt.

Pro Keks 1 Esslöffel Teig auf ein mit Backpapier belegtes Backblech geben und ca. 10 Minuten backen. Aus dem Ofen nehmen und ganz abkühlen lassen, bevor die Kekse mit Peanut Cream Cheese Frosting bestrichen werden. Folgen Sie dem Rezept für Vanilla Cream Cheese Frosting, aber lassen Sie das Vanillemark weg und fügen Sie ganz zum Schluss die Erdnussbutter hinzu.

Jeweils ca. 1 Esslöffel Frosting auf einen Keks streichen und einen weiteren Keks darauf legen. Und genießen.

Chaud

Chocoprince Cookies

Dies ist seit meiner Kindheit einer meiner Lieblingskekse. Meine Mutter hatte diese Kekse immer dabei, wenn wir lange mit dem Auto unterwegs waren oder ein Picknick machten. Ich liebte die Schokolade in der Mitte und den leckeren knusprigen Keks. Machen Sie mit mir eine Reise in meine Kindheit und backen Sie diese leckeren Kekse.

25 Kekse

250 g Weizenmehl
25 g gemahlene Mandeln
150 g Butter
85 g Zucker
1 Vanilleschote
1 Eigelb

Schokoladenfüllung
200 g dunkle Schokolade (mind. 70% Kakaoanteil; oder Erdbeerschokolade, Vollmilchschokolade oder was sie sonst mögen)

Den Backofen auf 180 °C vorheizen.

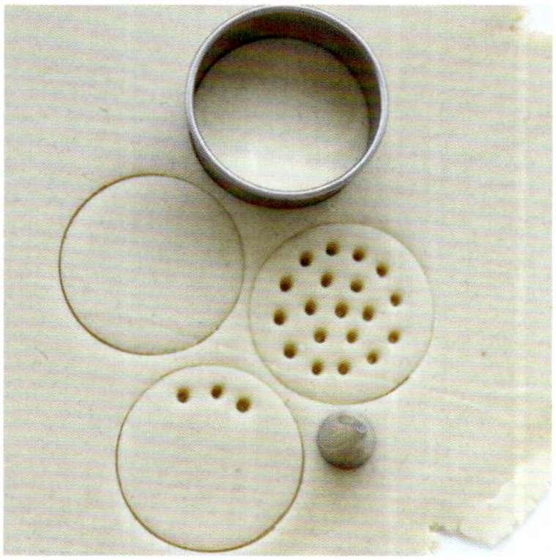

Alle Zutaten in einem Mixer mixen, bis alles gut vermischt ist. Den Teig in einen Frischhaltebeutel geben und 1 Stunde in den Kühlschrank legen. Dann den Teig herausnehmen und bei Zimmertemperatur 10 Minuten ruhen lassen.

Auf Backpapier legen und mit einer weiteren Schicht Backpapier bedecken. Zu einem ca. ½ cm dicken Fladen ausrollen und mit einer Ausstechform runde Kekse ausstechen. Mit einer Gabel oder einer kleinen Wilton-Tülle Nr. 3 kleine Löcher in die Kekse stechen.

Ein Backblech mit Backpapier belegen. Die Kekse auf das Blech legen und ca. 10 Minuten goldbraun backen. Dann aus dem Ofen nehmen und ganz abkühlen lassen.

Schokoladenfüllung
Die Schokolade in einem Topf schmelzen. 5 Minuten abkühlen lassen, dann ca. 2 TL Schokolade auf einen Keks streichen und einen weiteren Keks darauflegen.

Und dann nur noch genießen!

DENKEN SIE IMMER

DARAN: SIE SIND ETWAS

GANZ BESONDERES –

– SIE SIND EINZIGARTIG!

Manuela Kjeilen

Home-made Oreo Bisquits & Cream Cheese Frosting

Diese selbst gemachten Oreo-Kekse schmecken fast wie das Original. Ich habe sie mit Vanilla Cream Cheese Frosting gefüllt, in das ich zerstoßene echte Oreo-Kekse gemischt hatte. Einfach sooo köstlich …

30 Kekse

200 g Weizenmehl
170 g Zucker
85 g reines Kakaopulver
½ TL Natron
1 TL Salz
200 g Butter
1 TL reiner Vanilleextrakt, ersatzweise gemahlene Vanille

Vanilla Cream Cheese Frosting (siehe Seite 38)
4–5 Oreo-Kekse (ohne Crème)

Den Backofen auf 175 °C vorheizen. Mehl, Zucker und Kakaopulver in eine Rührschüssel geben. Natron und Salz hinzufügen und die Zutaten gut vermischen. Dann Butter und Vanilleextrakt hinzufügen und weiter mixen, bis alles sich zu einem Teig verbunden hat.

Den Teig in zwei Stücke teilen. Backpapier auf die Arbeitsfläche legen, ein Teigstück darauflegen und mit einem weiteren Stück Backpapier bedecken. Zu einem dünnen Fladen ausrollen. Mit dem anderen Stück wiederholen. 30 Minuten kalt stellen. Mit einer Ausstechform, einem Glas oder Ähnlichem runde Kekse ausstechen. Die Kekse auf ein mit Backpapier belegtes Backblech legen. 15 Minuten backen, herausnehmen und ganz abkühlen lassen.

Einen Keks mit Vanilla Cream Cheese Frosting bestreichen, in das 4–5 zerstoßene Oreo-Kekse ohne die weiße Creme gemischt sind, und einen weiteren Keks darauflegen.

thank you

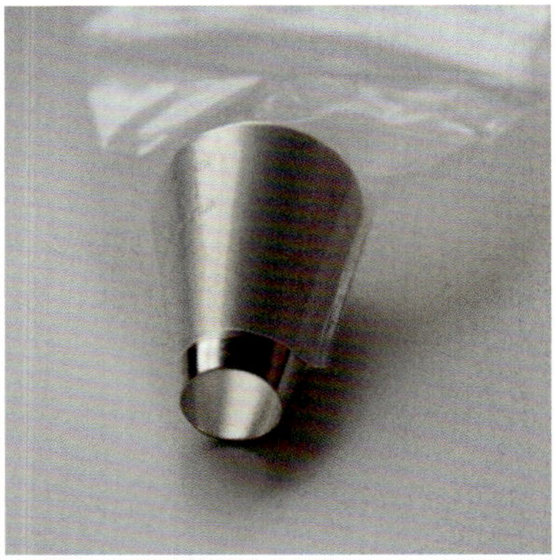

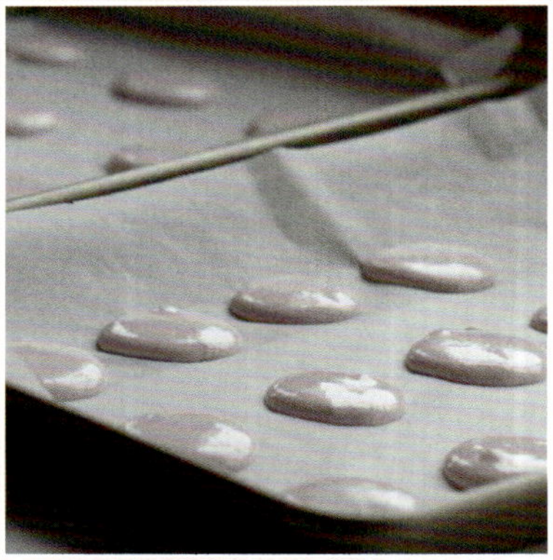

Tipps für perfekte Macarons

Ich weiß, dass viele es schwierig finden, Macarons zu backen. Hier sind ein paar meiner besten Tipps für das Gelingen dieser kleinen Versuchungen.

Am billigsten ist es, wenn Sie die geschälten gemahlenen Mandeln fertig im Supermarkt kaufen. Ansonsten können Sie die Mandeln in kochendes Wasser legen, die Schale entfernen, die Mandeln trocknen lassen und dann fein mahlen.

Ich empfehle, zwei Backbleche zu benutzen, also ein Backblech unter das andere zu schieben, wenn Sie Macarons backen. Ich empfehle auch, die Macarons immer auf unterster Schiene im Ofen zu backen und niemals Umluft zu verwenden. Ich benutze eine Wilton 1 A-Tülle, spritze kleine Kreise auf ein Backblech und lasse die Macarons immer trocknen, bis die Oberseite hart ist, bevor ich sie in den Ofen schiebe. Wenn Sie im Sommer Macarons backen, ist es meiner Erfahrung nach am besten, sie am Abend zu machen, weil das Resultat an heißen Sommertagen nicht so gut wird.

Ich liebe persönliche Botschaften auf Macarons, wie Sie auf dem Bild sehen können. Hier habe ich einen Stempel und essbare Tinte verwendet. Dann stemple ich vorsichtig auf die Oberseite der Macarons. »Macarons baked with love« – besser geht es wohl nicht.

WITH
LOVE

Strawberry Macarons

Diese Macarons sind mit Getränkepulver für Milch mit Erdbeergeschmack gemacht. Wenn Sie das nicht im Haus haben, können es auch durch dieselbe Menge Puderzucker ersetzen. Ich habe einige Macarons mit White Choc Ganache und manche mit Himbeermarmelade gefüllt.

36 Macarons

185 g Zucker
120 g zimmerwarmes Eiweiß
1 Tropfen rosa Lebensmittelfarbe
150 g geschälte gemahlene Mandeln
50 g Getränkepulver für Milch mit Erdbeergeschmack (z. B. Kaba)
100 g Puderzucker

White Choc Ganache:
250 g Sahne
250 g weiße Schokolade
Evtl. etwas Vanillemark

Himbeermarmelade

Den Backofen auf 160 °C vorheizen.

35 g Zucker und die Hälfte des Eiweißes zusammen schaumig schlagen. Den restlichen Zucker mit 50 ml Wasser in einem kleinen Topf verrühren und auf 118 °C erhitzen (mit einem Zuckerthermometer messen). Das Zuckerwasser vorsichtig in die Eiweißmischung geben. Achten Sie darauf, dass Sie das Zuckerwasser nicht in die Mitte, sondern an den Rand der Schüssel gießen. Während des Mixens einen Tropfen rosa Lebensmittelfarbe hinzufügen. Gemahlene Mandeln, Erdbeer-Getränkepulver, Puderzucker und die andere Hälfte des Eiweißes in einer Schüssel mixen. Wenn nötig, noch etwas mehr Puderzucker hinzufügen. Die Baisermischung mit einem Teigschaber unterheben. Die Masse soll nicht zu dick werden, aber auch nicht zu flüssig.

Ein Backblech mit Backpapier belegen. Den Teig in einen Spritzbeutel mit einer großen Wilton 1 A-Tülle füllen. Kleine Kreise auf das Blech setzen, die etwas größer sind als ein 2-Euro-Stück. Die Macarons mindestens 1–2 Stunden auf dem Backblech ruhen lassen, dann auf der untersten Schiene 10–15 Minuten backen. Herausnehmen, ganz abkühlen und ein paar Stunden ruhen lassen.

Mit Himbeermarmelade und White Choc Ganache füllen: Je 1 Teelöffel auf jeden Macaron geben und einen neuen Macaron darauflegen.

White Choc Ganache

Die Sahne erhitzen und über die Schokolade gießen. Eventuell Vanillemark einrühren. Abkühlen lassen und zwischen die Macarons streichen.

From Paris with Love ...

ICH LIEBE PARIS, HIER GIBT ES DIE BESTEN UND SÜSSESTEN LECKEREIEN – SO LIEBEVOLL GEMACHT!

Manuela Kjeilen

Chocolate Macarons

Schokoladenmacarons mit Karamellsauce liebe ich ganz besonders. Ich habe sie zum ersten Mal in New York gegessen – dort hatten sie etwas Meersalz ins Karamell gemischt, das Salzige als Kontrast zu all dem Süßen war herrlich! In einer hübschen Schachtel sind sie ein perfektes Mitbringsel.

36 Macarons

185 g Zucker
120 g zimmerwarmes Eiweiß
150 g geschälte gemahlene Mandeln
15 g reines Kakaopulver
135 g Puderzucker

Karamellsauce (siehe Seite 140)

Den Backofen auf 160 °C vorheizen.

HENRI BENDEL
NEW YORK
DEL

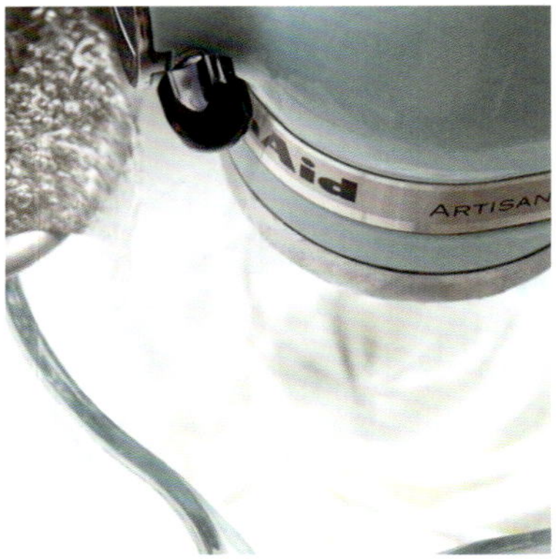

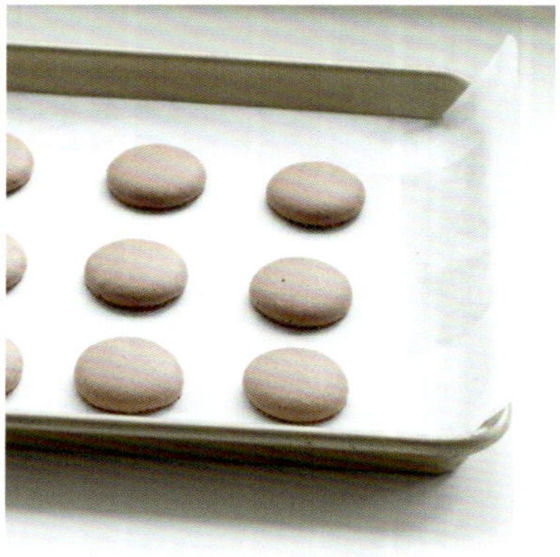

35 g Zucker und die Hälfte des Eiweißes schaumig schlagen. Den restlichen Zucker mit 50 ml Wasser in einem kleinen Topf verrühren und auf 118 °C erhitzen (mit einem Zuckerthermometer messen). Das Zuckerwasser vorsichtig in die Eiweißmischung geben. Achten Sie darauf, dass Sie das Zuckerwasser nicht in die Mitte, sondern an den Rand der Schüssel gießen. Gemahlene Mandeln, Kakaopulver, Puderzucker und den Rest des Eiweißes in einer Schüssel verrühren. Gut vermischen. Die Baisermischung mit einem Teigschaber unterheben. Der Teig soll nicht zu dick werden, aber auch nicht zu flüssig.

Ein Backblech mit Backpapier belegen. Den Teig in einen Spritzbeutel mit einer großen Wilton 1 A-Tülle füllen. Kleine Kreise auf das Blech setzen, die etwas größer sind als ein 2-Euro-Stück. Die Macarons mindestens 1–2 Stunden auf dem Backblech ruhen lassen. Dann in die unterste Schiene in den Ofen schieben und 10–15 Minuten backen. Herausnehmen, ganz abkühlen und ein paar Stunden ruhen lassen.

1 Teelöffel Karamellsauce auf jeden Macaron geben und einen neuen Macaron darauf legen.

Dann muss man diese leckeren Versuchungen nur noch genießen.

HENRI BENDEL
NEW YORK
HENRI BENDEL
NEW YORK

Karamellsauce

Karamellsauce selbst zu machen ist sehr einfach, und natürlich viel besser als gekaufte.

440 g Zucker
Evtl. Mark von ½ Vanilleschote
125 g Sahne
50 g gesalzene Butter

Zucker mit 125 ml Wasser in einen Topf geben und bei mittlerer Hitze erhitzen. Evtl. ausgekratztes Vanillemark hinzufügen. Gut verrühren, bis sich der Zucker ganz aufgelöst hat. Kochen lassen, bis die Masse eine Temperatur von 180–190 °C erreicht hat (mit einem Zuckerthermometer messen) – nicht rühren! Falls Sie kein Thermometer haben, sollten Sie die Masse kochen lassen, bis sie zu braunem Karamell geworden ist.

Den Topf von der Platte nehmen. Die Sahne unter ständigem Rühren hinzufügen, sonst gibt es schnell Klümpchen. Den Topf zurück auf den Herd auf niedrigste Stufe stellen. Butter hinzufügen, gut rühren, bis sie sich aufgelöst hat, und fertig ist die Karamellsauce.

Die Soße in ein Glas mit Deckel oder ähnliches geben. Hält sich mehrere Wochen im Kühlschrank.

Moon Pies

Meine Moon Pies sind leckere weiche Vanillekekse mit Vanilla Bean Frosting, die in dunkle Schokolade getaucht werden. Für einen besonderen Anlass wie zum Beispiel einen Geburtstag ist es schön, sie mit Süßigkeiten zu dekorieren. Man kann diese herrlichen Vanillekekse aber auch so genießen, wie sie sind …

35 Kekse

6 Eier (Größe L)
1 Vanilleschote
150 g Zucker
¾ TL Weinsteinbackpulver oder ein paar Tropfen Zitronensaft
145 g Weizenmehl
2 EL Maisstärke
115 g Puderzucker

Vanilla Bean Frosting (siehe Seite 56)

200 g Schokolade

Den Backofen auf 200 °C vorheizen.

Die Eier trennen. Die Eigelbe in den Mixer geben, die Vanilleschote längs aufschlitzen, das Mark zusammen mit der Hälfte des Zuckers hinzufügen und locker und schaumig mixen. Die Eiweiße in eine andere Schüssel geben. Backpulver oder ein paar Tropfen Zitronensaft hinzufügen und gut zusammenmixen. Den restlichen Zucker hinzufügen, wenn die Masse zu Schäumen beginnt.

Das Mehl zusammen mit dem Maisstärke mindestens fünfmal sieben. Den Eischnee in drei Portionen unter die Eigelbmasse heben und die Mehlmischung einrühren. Mit einer runden Tülle kleine Teigkreise auf ein mit Backpapier belegtes Backblech spritzen. Mit Puderzucker bestäuben und 8–10 Minuten in den Ofen stellen. Nach dem Backen ganz abkühlen lassen.

Für das Topping brauchen Sie Vanilla Bean Frosting. Wenn die Kekse z. B. für eine Babyshower sein sollen, können Sie das Frosting in hübschen Pastellfarben zubereiten. Mit einer Wilton 1 A-Tülle Creme auf die Kekse spritzen. Die Kekse 30–60 Minuten in den Gefrierschrank stellen. Dann die Schokolade erhitzen und über die Kekse träufeln.

Hier habe ich die Moon Pies mit Erdbeerbonbons dekoriert.

Oreo Cheesecake & Chocolate Cookies

Die Idee für diese Kekse bekam ich, als ich in Oslo Frischkäse mit Schokoladengeschmack probiert habe. Mmm …

25 Kekse

130 g Frischkäse mit Schokoladengeschmack (z.B. Philadelphia mit Milka)
120 g Butter
225 g Zucker
1 TL lösliches Kaffeepulver oder besonders starker Kaffee
1 Packung Oreo-Kekse
180 g Weizenmehl
135 g dunkle Schokoladenknöpfe und mehr zum Bestreuen

Evtl. noch mehr Schokolade zum Beträufeln

Den Ofen auf 190 °C vorheizen. Den Frischkäse vor Beginn eine Stunde bei Zimmertemperatur stehen lassen. Wenn Sie keinen Schokoladenfrischkäse bekommen, können Sie normalen Frischkäse gemischt mit 3 EL Kakaopulver verwenden. Butter und Frischkäse in eine Schüssel geben und schaumig mixen. Zucker und löslichen Kaffee hinzufügen.

In der Zwischenzeit die Oreo-Kekse fein mahlen. Ich verwende dafür den Mixer. Außerdem entferne ich die Creme in der Mitte der Kekse, aber wenn Sie sie nicht wegwerfen wollen, können Sie sie auch mit in den Teig geben. Mehl, Schokoladenknöpfe und 4 EL zerstoßene Oreo-Kekse mit in die Rührschüssel geben. Mit einem Teigschaber gut vermischen.

Die Kekse mit einem mittelgroßen Eisportionierer formen, sodass alle die gleiche Größe bekommen (oder berechnen Sie ca. 1 EL Teig pro Keks). Die Kugeln in zerstoßenen Oreo-Keksen wälzen, bis sie ganz bedeckt sind. Ein wenig flach drücken, auf ein mit Backpapier belegtes Backblech legen, am besten mit ein wenig Abstand dazwischen. Die Kekse 12–15 Minuten backen. Aus dem Ofen holen, abkühlen lassen, mit geschmolzener dunkler Schokolade beträufeln und mit ein paar Schokoladenknöpfen bestreuen.

Crispy Chocolate Cookies

Dies sind die Lieblingscookies meiner Familie. Sie sind sehr knusprig, fast wie Baisers, und ziemlich karamellig. Sie müssen diese Leckereien einfach ausprobieren; ich bin sicher, dass Sie sie lieben werden. Sie schmecken supergut zu einem Glas Milch.

30 Kekse

230 g weiche Butter
300 g Zucker
265 g brauner Zucker
2 Eier (Größe L)
1 TL reiner Vanilleextrakt, ersatzweise gemahlene Vanille
250 g Weizenmehl
¼ TL Natron
¼ TL Meersalz
160 g Mandelblättchen
200 g Schokoladenknöpfe

Den Backofen auf 180 °C vorheizen. Butter, Zucker und braunen Zucker schaumig mixen. Die Eier während des Schlagens nacheinander hinzufügen. Vanilleextrakt dazugeben und wieder schaumig schlagen. Weizenmehl und Natron hinzufügen und 1 Minute schlagen. Meersalz, Mandelblättchen und Schokoladenknöpfe einrühren.

Den Teig mit einem Esslöffel (1 Esslöffel pro Keks) mit gutem Abstand dazwischen auf ein mit Backpapier belegtes Backblech legen – sie fließen aus.

15–18 Minuten backen, am besten bei Umluft, aber es geht auch ohne. Herausnehmen und 5 Minuten auf dem Backblech ruhen lassen – dann werden sie ein bisschen fester.

Chocolate Dipped Potato Chip Cookies

Ich liebe Schokolade und ich liebe Chips, und in diesen Keksen ist beides! Ich habe sie letztes Jahr an Thanksgiving bei meiner Schwägerin in den USA probiert, mjamm …

30 Kekse

120 g Butter
60 g Zucker
1 TL reiner Vanilleextrakt, ersatzweise gemahlene Vanille
50–100 g Pekannüsse
100–150 g Kartoffelchips oder Erdnüsse, wenn Sie keine Kartoffelchips mögen
100 g Weizenmehl
¼ TL Salz
40 g Puderzucker

Dekoration
50 g dunkle Schokolade (mind. 70% Kakaoanteil)
Meersalz

Den Ofen auf 180 °C vorheizen. Butter, Zucker und Vanilleextrakt schaumig rühren. Kartoffelchips in einen Frischhaltebeutel geben und mit einem Nudelholz darüberfahren, um sie etwas zu zerkleinern. Zusammen mit den Pekannüsse zur Butter geben. Dann Mehl und Salz einrühren.

Kleine Kugeln aus dem Teig rollen. Puderzucker in eine Schüssel geben. Die Kugeln in Puderzucker wälzen, flach drücken, auf ein mit Backpapier belegtes Backblech legen und 10–15 Minuten backen, herausnehmen und abkühlen lassen.

Die Schokolade in der Mikrowelle erwärmen und die Kekse halb in die Schokolade tauchen. Etwas Meersalz über die Schokolade streuen und trocknen lassen.

DAS GUTE IN ANDEREN
ZU SEHEN MACHT
WUNDERSCHÖNE AUGEN,
LIEBEVOLLE WORTE ZU
SPRECHEN MACHT SCHÖNE
LIPPEN UND DIE GEWISSHEIT,
NIEMALS ALLEINE ZU GEHEN,
BRINGT LEICHTIGKEIT IN
JEDEN SCHRITT.

Manuela Kjeilen

Maison fondée en 1862
LADURÉE
Paris

Kuchen

Chocolate Truffle Cake

SugarVeil Marsipan Cake

Vintage Vanilla Candy Cake

Oreo & Strawberry Cheesecake

Raspberry Meringue Chocolate Cake

Vintage Chocolate Cake

Victoria Sponge Cake

Beverly Hills Brownies

Chocolate-dipped Brownies

Manhattan Brownies & Coffee Daim Meringue Brownies

Triple Deluxe Brownies

Lemonies

Almond Joy Brownies

Chocolate Chip Dough Brownies

Pure Platinum Blondies

Fudge Brownies

Caramel Crunch Brownies

Chocolate Truffle Pound Cake

Lemon Luxury Loaf

Whipped Vanilla Cream Cake

Candydelicious Cake

Chocolate Truffle Cake

Diese Torte ist für alle Schokoladenliebhaber. Sie ist meine absolute Lieblingsschokoladentorte, und ich verspreche Ihnen, sie schmeckt vom ersten Bissen an nach mehr. Ich hoffe, sie trifft auch Ihren Geschmack!

BODEN
65 g Weizenmehl
3 EL reines Kakaopulver
80 g Butter
80 g Zucker
4 Eier (Größe M)

Trüffelcreme (siehe Seite 160)
Vanilla Bean Meringue Baisers (siehe Seite 270)

Den Ofen auf 180 °C vorheizen.

Love
Manuela

Mehl und Kakaopulver dreimal in eine Schüssel sieben. Die Butter schmelzen und abkühlen lassen. Zucker und Eier in einen Mixer geben. 8 Minuten mixen, bis die Masse schaumig und locker ist. Die Mehl-Kakao-Mischung in die Eiermasse sieben. Zum Schluss die abgekühlte zerlassene Butter hinzufügen.

Den Teig in einer runden, mit Backpapier ausgelegten Form mit 20 cm Durchmesser verteilen und 25–30 Minuten backen. Herausnehmen und abkühlen lassen.

Die Trüffelcreme zubereiten. Den Tortenboden in zwei Teile teilen. Den ersten Tortenboden wieder in die Form legen. Ein Drittel der Trüffelcreme darauf verteilen, mit dem nächsten Boden bedecken und mit der restlichen Trüffelcreme bestreichen. Die Torte ca. 6 Stunden kalt stellen.

Mit zartrosa Vanilla Bean Meringue Baisers dekorieren.

Trüffelcreme

Dies ist eine Luxus-Creme, perfekt als Topping für Torten und Cupcakes, und als Füllung ist sie auch lecker!

FÜR 24 CUPCAKES ODER EINEN TORTENBODEN MIT 20 CM DURCHMESSER

500 g Sahne
450 g dunkle Schokoladenknöpfe
6 Eigelb
75 g Zucker

Die Sahne erhitzen und über die Schokoladenknöpfe gießen. Ein paar Minuten ruhen lassen. Verrühren und beiseite stellen.

In der Zwischenzeit Wasser in einem Topf erhitzen. Eine Schüssel über das heiße Wasser im Topf hängen. Die Eigelbe und den Zucker in die Schüssel geben und ca. 6 Minuten schlagen. Die Schokoladenmischung hinzufügen und ca. 6 Minuten weiter schlagen. Dann die Masse 30 Minuten in den Kühlschrank stellen.

Falls die Creme als Frosting benutzt werden soll, müssen Sie sie wieder locker schlagen, nachdem sie im Kühlschrank gestanden hat.

ARTISAN
BABY

I LOVE SWEETS,

I LOVE EATING IT,

I LOVE MAKING IT

AND I LOVE SHARING IT!

Manuela Kjeilen

SugarVeil Marsipan Cake

Die Basis für diese Torte ist Biskuitteig – er ist perfekt für Hochzeitstorten, weil er zwei ganze Vanilleschoten enthält und deshalb besonders fein schmeckt. Der Boden eignet sich super zum Besprenkeln mit leckerem Fruchtsaft oder Likör und wird dann noch weicher und besser. Hier habe ich eine Marzipantorte gemacht und sie mit SugarVeil bedeckt, und alles, was Sie auf dem Foto sehen, ist natürlich essbar!

2 Tortenböden mit 23 cm Durchmesser

125 ml Milch
2 Vanilleschoten
115 g Butter und etwas für die Form
6 zimmerwarme Eier (Größe L)
6 zimmerwarme Eigelb
395 g Zucker
2 TL reiner Vanilleextrakt oder Bourbon-Vanillezucker
230 g Weizenmehl und etwas für die Form
20 g Maisstärke
1½ TL Backpulver

Zitronensirup (siehe Seite 238)

Vanilla Cream Cheese Frosting (siehe Seite 38)

Marzipandecke

SugarVeil Icing

Marzipanperlen (siehe Seite 70)

Den Backofen auf 160 °C vorheizen.

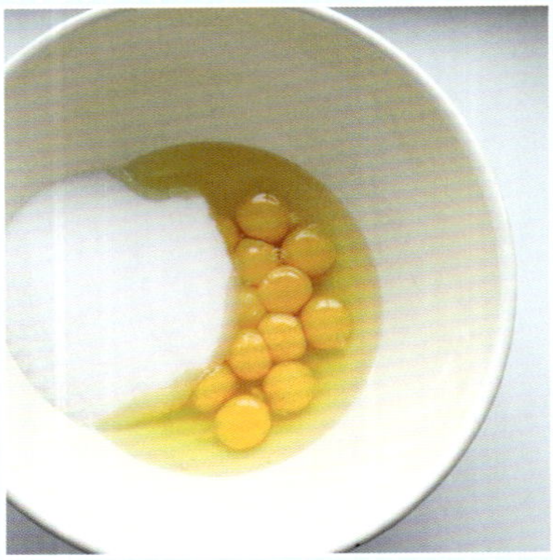
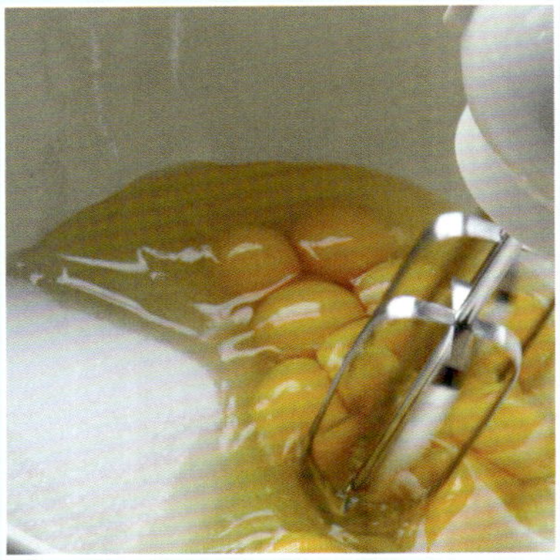

Die Milch in einen Topf gießen. Die Vanilleschoten längs aufschlitzen und das Mark herauskratzen. Mit den ganzen Schoten zur Milch geben. Erhitzen, den Topf von der Platte nehmen und bedeckt 20 Minuten ziehen lassen. Dann die Milch erneut erhitzen, Butter hinzufügen und vorerst beiseite stellen.

Eier, Eigelbe, Zucker und Vanilleextrakt in eine große Schüssel geben. Die Schüssel über einen Topf mit kochendem Wasser hängen. Ca. 5 Minuten leicht schlagen, bis der ganze Zucker aufgelöst ist. Die Masse in eine Rührschüssel geben und ca. 7 Minuten mixen, bis sie schaumig und locker wird.

In der Zwischenzeit Mehl, Maisstärke und Backpulver in eine Schüssel sieben. Ich mache das mindestens dreimal, um das beste Resultat zu erzielen.

Die Vanilleschoten aus der abgekühlte Milch-Butter-Mischung nehmen, die Mischung in die schaumige Eiermasse geben und 20 Sekunden mixen. Die Mehlmischung vorsichtig mit einem Teigschaber unterheben. Die Form einfetten und mit Mehl bestreuen. Den Teig in der Form verteilen.

Den Kuchen ca. 40 Minuten backen. Wenn Sie eine größere Form verwenden, kann es etwas länger dauern, also testen Sie immer mit einem Holzstäbchen, bevor Sie den Kuchen aus dem Ofen nehmen. Herausnehmen und ganz abkühlen lassen.

… Fortsetzung auf der nächsten Seite.

Den abgekühlten Kuchen quer in drei Boden schneiden. Die Kuchenform mit Frischhaltefolie auskleiden und den ersten Tortenboden hineinlegen. Den Boden mit Zitronensirup besprenkeln. Mit einer Schicht Vanilla Cream Cheese Frosting bedecken. Hier habe ich 5 Esslöffel Himbeermarmelade von guter Qualität hinzugefügt. Auf diese Weise mit den anderen Schichten weitermachen. Den Kuchen mit Frischhaltefolie abdecken und für ca. 1 Stunde in den Gefrierschrank stellen.

Weißes Marzipan ausrollen und die Torte damit bedecken. Ich verwende einen Smoother für ein weiches Finish. Überflüssiges Marzipan abschneiden.

Spitzenband aus SugarVeil Icing

SugarVeil Icing ist sehr leicht zu verarbeiten und im Internet erhältlich. Das Pulver mit kochend heißem Wasser mischen, 3 Minuten mixen und in der Form oder auf der SugarVeil-Silikonmatte verteilen (gibt es in vielen Varianten). Trocknen lassen, das kann je nach Temperatur 1–3 Stunden dauern, die Matte abziehen, und schon haben Sie SugarVeil!

Sie können auch eine einfache Blume machen und sie vorne an die Torte setzen. Rollen Sie sie zusammen, wie Sie es auf dem Bild nebenan sehen. Mit Wasser an der Torte befestigen, dann klebt sie fest.

Zum Schluss mit einer Perlenreihe aus Marzipan dekorieren.

WE'VE
HAPPY BIRTHDAY HAPPY BIRTHDAY HAPPY
CONGRATULATIONS

Vintage Vanilla Candy Cake

Diese Torte schmeckt herrlich nach purer Vanille, und bekommt sie mit der altmodischen Zuckerketten-Dekoration nicht einen hübschen Vintage-Touch? Sie schmeckt himmlisch, so weich und fluffy.

5 zimmerwarme Eiweiß (Größe L)
75 ml zimmerwarme Milch
3 TL reiner Vanilleextrakt, ersatzweise gemahlene Vanille
350 g Zucker
290 g Weizenmehl
2 EL Maisstärke
1 TL Salz
2 TL Backpulver
170 g zimmerwarme Butter in kleinen Stücken

Whipped Vanilla Bean Frosting (siehe Seite 174)

Zuckerketten

Den Backofen auf 180 °C vorheizen.

Verwenden Sie zwei Formen mit 20 oder 15 cm Durchmesser. Wenn Sie größere Formen verwenden, werden die Tortenböden ein bisschen niedriger. Kleinere Formen ergeben eine gute Höhe und tragen zum Vintage-Charme der Torte bei.

Eiweiße, Milch, Vanilleextrakt und Zucker in einer Schüssel verrühren. Vorerst beiseite stellen. Mehl, Maisstärke, Salz und Backpulver mindestens fünfmal in eine Rührschüssel sieben. Ca. 1 Minute vermischen. Die Butterwürfel und die Eier-Milch-Zuckermischung hinzufügen. Bei mittlerer Geschwindigkeit nach jeder neuen Zutat ca. 20 Sekunden mixen.

Den Teig in zwei mit Backpapier ausgelegten Kuchenformen verteilen und 25–35 Minuten backen – nach 20 Minuten mit einem Holzstäbchen kontrollieren, ob die Böden evtl. schon fertig sind. Herausnehmen und die Böden ganz abkühlen lassen.

Jeden Boden in zwei Teile teilen und Whipped Vanilla Bean Frosting zwischen jede Schicht streichen. Eine kleine Schicht Creme reicht für jeden Boden – danach die Creme um den ganzen Kuchen streichen. Zum Schluss mit den Zuckerkettenperlen dekorieren.

Just lovely … Perfekt für einen Kindergeburtstag.

Whipped Vanilla Bean Frosting

Dieses Frosting ist perfekt für Torten und Cupcakes. Durch all die Vanille darin wird es besonders gut – sie machen das Frosting sehr elegant und sorgen für einen extra vollen Vanillegeschmack. Sie können das Vanillemark auch weglassen und stattdessen mehr Vanilleextrakt dazugeben.

Für 30–40 Cupcakes oder zwei Tortenböden mit 20 cm Durchmesser

350 g zimmerwarme Butter (sie muss ganz weich sein)
2 Vanilleschoten
300 g Puderzucker
3 EL Milch
2–3 TL reiner Vanilleextrakt, ersatzweise gemahlene Vanille

Achtung! Die Butter muss ganz weich sein, wenn Sie dieses Frosting machen.

Die Butter in einen Mixer geben und mixen, bis sie ganz weich und schaumig ist. Die Vanilleschoten längs aufschlitzen und das Mark herauskratzen. Mark zusammen mit den restlichen Zutaten hinzufügen und ca. 8 Minuten weiter mixen. Dann wird die Creme luftig und superlecker.

Bei dieser Creme gilt weniger ist mehr! Dekorieren Sie Cupcakes damit – nur ein kleiner Swirl obendrauf – und bestreuen Sie sie dann mit bunten Streuseln.

Oreo & Strawberry Cheesecake

Dieser Cheesecake ist frisch und lecker, mit einer seidenweichen Creme und einem leckeren Oreo-Boden. Auf den Boden werden frische Erdbeeren gelegt, bevor er mit Strawberry Cheesecake Frosting bedeckt wird. Ich hoffe, er trifft Ihren Geschmack!

Oreo-Boden
2 Packungen Oreo-Kekse
85 g Butter

Erdbeeren

Strawberry Cheesecake Frosting
1 Vanilleschote
300 g Frischkäse
170 g Zucker
1 Packung Erdbeer-Götterspeise oder 1 Packung konzentriertes Strawberry Jelly von Hartley (siehe Seite 288)
300 g Sahne

Marshmallows zum Dekorieren

Oreo-Boden

Die Creme aus den Keksen entfernen und die Kekse zerstoßen. Die Butter in der Mikrowelle schmelzen. Beides gut vermischen. Den Teig in eine Tarteform oder eine normale runde Kuchenform mit 30 cm Durchmesser drücken und ca. 10 Minuten in den Gefrierschrank stellen.

Strawberry Cheesecake Frosting

Die Vanilleschote längs aufschlitzen und das Mark mit Frischkäse und Zucker schaumig mixen. Die Götterspeise mit 50 ml heißem Wasser vermischen. Wenn Sie Heartley‘s Gelee benutzen, muss es 10 Sekunden in der Mikrowelle erwärmt werden. Götterspeise bzw. Gelee abkühlen lassen.

Sahne steif schlagen und zusammen mit dem abgekühlten Gelee in die Frischkäsemischung geben. Gut vermischen, entweder mit dem Mixer (ca. 20 Sekunden) oder mit dem Teigschaber.

Den Oreo-Boden aus dem Gefrierschrank nehmen, mit Erdbeeren belegen und mit Creme bedecken. Den Kuchen in den Gefrierschrank stellen. Stehen lassen, bis das Frosting fest geworden ist und der Kuchen serviert werden soll. Den Kuchen aus der Form nehmen und auf eine Kuchenplatte legen. Einen Rand wie auf dem Bild bekommt man, wenn man eine hohe, schöne Tarteform benutzt.

Zur Dekoration am besten mit Marshmallows bestreuen.

Raspberry Meringue Chocolate Cake

Diese Torte ist herrlich frisch! Der Geschmack der Füllung kann variiert werden, nehmen Sie das, was Sie am liebsten mögen. Hier habe ich Himbeeren verwendet, manchmal bevorzuge ich aber auch Lemoncurd – beides perfekte Geschmacksrichtungen zusammen mit Schokolade und Vanilla Bean Frosting.

200 g Butter
225 g dunkle Schokolade (mind. 70% Kakaoanteil)
110 g Weizenmehl
1½ Backpulver
30 g reines Kakaopulver
1 Vanilleschote
3 Eier (Größe M)
225 g Zucker

Strawberry Cheesecake Frosting (siehe Seite 176)
1 Packung Himbeer-Götterspeise oder 1 Packung konzentriertes Raspberry Jelly von Hartley

Vanilla Bean Frosting (siehe Seite 56)

Marzipanrose als Dekoration (siehe Seite 192)

Den Backofen auf 160 °C vorheizen.

Butter, zerkleinerte Schokolade und 300 ml Wasser in eine Schüssel geben und die Schüssel über einem Topf mit kochend heißem Wasser hängen. Schokolade schmelzen lassen, gut vermischen und abkühlen lassen.

Mehl, Backpulver und Kakaopulver gut vermischen und dreimal in eine Schüssel sieben. Die Vanilleschote längs aufschlitzen, das Mark auskratzen und mit Eiern und Zucker mindestens 8 Minuten im Mixer verrühren.

Zum Schluss alles gut zusammenrühren. Den Teig in eine mit Backpapier ausgelegte Form mit 20 cm Durchmesser füllen und ca. 90 Minuten backen. Herausnehmen, ganz abkühlen lassen, gerne für 20 Minuten in den Gefrierschrank stellen.

Den abgekühlten Kuchen umdrehen. Einen Teller darauflegen (Durchmesser etwas kleiner als der Kuchen) und mit einem Messer um den Rand schneiden. Den Mittelteil des Kuchens vorsichtig herausnehmen. Das entstandene Loch mit Strawberry Cheese Cake Frosting füllen, die Erdbeer-Götterspeise aber durch Himbeer-Götterspeise ersetzen.

Die Torte 2 Stunden kalt stellen. Dann Vanilla Bean Frosting zubereiten und den Kuchen damit dekorieren. Eine hübsche Marzipanrose darauf legen. Die Torte eine weitere Stunde ruhen lassen, dann in passende Stücke schneiden und servieren.

Vintage Chocolate Cake

Dies ist für mich die ultimative Schokoladentorte; ein Southern Devil's Food Cake. Sie ist saftig und weich und enthält Mayonnaise (!) Die Torte stammt aus Mamas altem handgeschriebenen Rezeptbuch, das sie mir vererbt hat. Ich bestreiche sie mit Dark Chocolate Cheese Frosting und dekoriere sie im Vintage-Stil mit zuckersüßen pastellfarbenen Baiserknöpfen.

1 Vanilleschote
170 g Butter
400 g brauner Zucker
3 zimmerwarme Eier (Größe L)
230 g Weizenmehl
1 TL Backpulver
1¼ TL Natron
70 g reines Kakaopulver
375 g zimmerwarme Sahne
4 EL Mayonnaise
2 TL lösliches Kaffeepulver oder starker Kaffee

Dark Chocolate Cheese Frosting (siehe Seite 86)

100 g Himbeeren

Vanilla Bean Meringue Baisers (siehe Seite 270)

Den Backofen auf 180 °C vorheizen.

Verwenden Sie 2 Formen mit 20 cm Durchmesser. Sie können auch eine Form mit 23 oder 26 cm Durchmesser nehmen, aber dann wird die Torte etwas niedriger.

Vanilleschote längs aufschlitzen und das Mark auskratzen. Butter, braunen Zucker und Vanillemark in einer Rührschüssel ca. 5 Minuten mixen, bis die Masse ganz schaumig ist. Die Eier nacheinander hinzufügen. Nach jedem Ei 1 Minute mixen. Mehl, Backpulver, Natron und Kakaopulver mindestens zweimal in eine Schüssel sieben.

Die Mehlmischung und die Sahne in den Teig geben. Bei niedriger Geschwindigkeit mixen, bis alles gut vermischt ist. Die Schüssel aus dem Mixer nehmen und mit einem Teigschaber Mayonnaise und Kaffeepulver oder starken Kaffee unterheben, bis alles gut vermischt ist.

Den Teig in zwei mit Backpapier ausgelegten Kuchenformen verteilen. Ich wiege den Teig, sodass in beiden gleich viel ist, ca. 600 g in jeder Form. Ca. 30 Minuten backen. Nicht zu lange backen, die Tortenböden sollen etwas weich bleiben. Dann mindestens 2 Stunden abkühlen lassen.

Dark Chocolate Cheese Frosting zubereiten. Jeden Boden in 2 Teile schneiden und 2 Schichten mit Dark Chocolate Cheese Frosting bestreichen. Auf die dritte Schicht frische Himbeeren legen. Frosting um die ganze Torte streichen, ein Spatel gibt ein gleichmäßiges, schönes Resultat. Die Torte mit Vanilla Bean Meringue Baisers dekorieren. So vintage … Und so lecker.

Victoria Sponge Cake

Als ich in London war, um in Peggy Porschens Vintage Blooms Kurs zu gehen, war ich oft im Peggy Porschen Parlour. Dort habe ich diese fantastische Torte probiert, eine frische Torte mit Zitronengeschmack. Ich habe sie mit Himbeermarmelade und Italian Lemon Buttercream gefüllt und im Shabby-Chic-Design mit pfirsichfarbener Creme dekoriert …

350 g Butter
350 g Zucker
125 ml Zitronensirup (siehe Seite 238)
5 Eier (Größe M)
350 g Weizenmehl
2 TL Backpulver
½ TL Salz

Italian Lemon Buttercream

Vanilla Bean Frosting (siehe Seite 56)
2 Tropfen Zitronensaft
570 g Butter in Stückchen
2 EL reiner Vanilleextrakt, ersatzweise gemahlene Vanille
Evtl. ein paar Tropfen Lebensmittelfarbe

Himbeermarmelade

Dekoration

Marzipanblume (siehe Seite 192)
Puderzucker
Marzipanperlen

Den Backofen auf 180 °C vorheizen.

Butter, Zucker und Zitronensirup sehr schaumig schlagen. Die Eier nacheinander hinzufügen. Mehl, Backpulver und Salz mindestens dreimal in eine Schüssel sieben. Die Mehlmischung in den Teig geben und gut vermischen. Den Teig in zwei mit Backpapier ausgelegte Formen mit 20 cm oder eine Form mit 26 cm Durchmesser geben. Ca. 30 Minuten backen. Mit einem Holzstäbchen kontrollieren, ob die Böden fertig sind, dann abkühlen lassen.

Vanilla Bean Frosting zubereiten und Zitronensaft hinzufügen. Wenn die Creme fertig geschlagen ist und sich die Schüsseln nicht mehr warm anfühlen, einen Flachrührer in die Küchenmaschine setzen. Nach und nach die gewürfelte Butter hinzufügen, es ist wichtig, dass die Butter noch kalt ist. Mixen, bis die ganze Butter hinzugefügt ist. Die Creme kann zeitweise etwas körnig erscheinen, wird aber eine seidenweiche Konsistenz bekommen, Sie müssen nur weiter mixen. Ganz zum Schluss Vanilleextrakt und evtl. Lebensmittelfarbe hinzufügen.

Die Böden in zwei Teile teilen und auf jeden Boden eine dünne Schicht Creme streichen, abgesehen von Boden Nummer 2, der mit Himbeermarmelade bedeckt wird. Zum Schluss die ganze Torte mit einer dünnen Schicht Creme bestreichen. Die Torte 1 Stunde kalt stellen und dann eine letzte dünne Schicht Creme rundherum streichen – gerne in einer Farbe. Mit dem Spatel Muster machen, wie Sie es auf dem Bild sehen. Eine Schablone auf die Torte legen, mit Puderzucker bestäuben und die Schablone rasch entfernen. Mit weichen Marzipanperlen dekorieren.

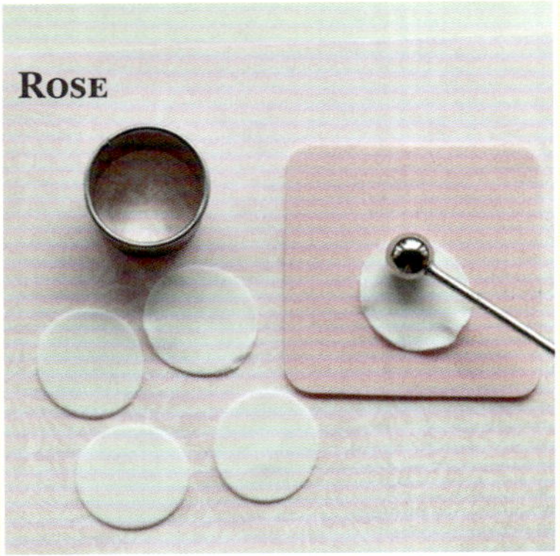

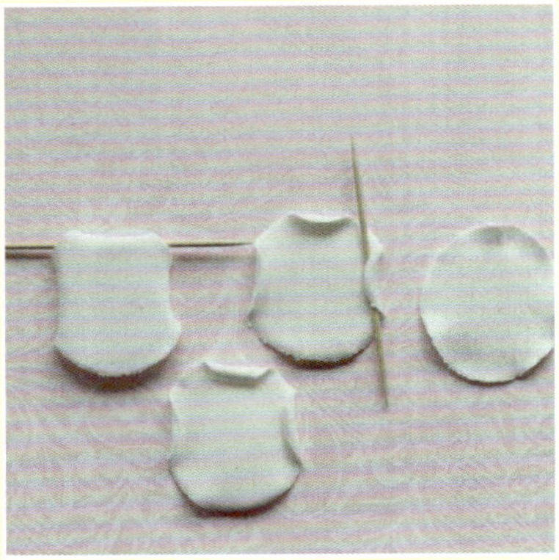

Rose und Blume

Rosen und Blumen selbst zu machen macht Spaß und ist eigentlich ganz einfach – in erster Linie soll man Spaß dabei haben und stolz auf sich selbst sein, ganz egal, wie das Resultat wird.

MAN BRAUCHT:

Fondant oder Marzipan (es kann von Vorteil sein, etwas CMC- bzw. Tylosepulver hineinzumischen, denn dann wird es etwas fester und stabiler, aber es geht auch ohne)
Runde Ausstechform (ich verwende nur eine Größe)
Ball Tool
Blumen-Modellierplatte (die rosafarbene auf dem Bild)
Essbaren Klebstoff oder Wasser

Ein Rezept für Fondant finden Sie auf Seite 28, oder Sie können ihn fertig kaufen (siehe Adressen hinten im Buch). Ich empfehle, dass Sie beim ersten Mal Fondant benutzen und etwas CMC- oder Tylosepulver hinzufügen, weil es mehr Stabilität verleiht.

ROSE

Vier Fondant- oder Marzipankreise ausstechen. Auf eine Blumen-Modellierplatte legen und mit einem Ball Tool über die Kanten fahren, sodass sie etwas gekräuselt werden (siehe Bild).

Ich beginne damit, eine Knospe zu machen, die innen in der Rose sein soll. Man kann dafür Formen kaufen, sie selbst machen oder wie ich ‚celbuds' verwenden (googeln Sie ‚celbuds', dann sehen Sie, wo sie sie kaufen können).

Einen Zahnstocher in die Mitte des unteren Teils der Knospe stecken. Das erste Blatt um die Knospe legen. Mit essbarem Klebstoff oder Wasser befestigen, siehe Bild oben rechts, und zu einem Drittel darüber legen. Die eine Seite offen lassen – dort platzieren Sie das nächste Blatt, und so weiter. Wenn alle am Platz sind, ist es leicht, sie zusammenzufassen. Die nächsten vier Blätter müssen gekräuselt werden: Oben und an beiden Seiten des Blattes einen Zahnstocher einrollen, siehe Bild. Die Blätter umdrehen und festkleben. Nur ganz unten festdrücken – oben sollte etwas Spiel sein. Sie können die Rose so groß machen, wie Sie wollen.

Blume
6–7 Fondant- oder Marzipankreise ausstechen. Auf eine Blumen-Modellierplatte legen und mit einem Ball Tool über die Ränder fahren, sodass sie stark gekräuselt werden (siehe Bild). Etwas Creme oder warme Aprikosenmarmelade auf die Stelle streichen, an der Sie die Blume platzieren wollen. Den ersten Kreis auf den Kuchen legen, die nächsten Kreise werden mit etwas essbarem Klebstoff befestigt.

Bearbeiten Sie jeden Kreis, den Sie auflegen, ein wenig mit dem Ball Tool, um die Kräusel und Ausbuchtungen zu justieren. Wenn Sie sich der gewünschten Höhe nähern, drücken Sie den letzten Kreis in der Mitte gut herunter.

Seien Sie stolz auf sich und nicht so selbstkritisch, wenn es nicht sofort perfekt wird.

DAS IST ECHTE LEIDENSCHAFT:
SIE SOLLTE SO SELBSTVERSTÄNDLICH
SEIN WIE DAS ATMEN.

Manuela Kjeilen

Foto vom
Peggy Porschen Parlour
in London

Beverly Hills Brownies

Als ich im Winter in LA war, war ich in einer Bäckerei, die unglaublich leckere Schokobrownies mit intensivem Schokoladengeschmack verkaufte. Ich erfuhr, dass sie Kaffee, Vanille und natürlich Schokolade enthielten. Hier habe ich meine Variante gemacht – und sie selbstverständlich Beverly Hills genannt.

160 g Weizenmehl
½ TL Salz
5 EL reines Kakaopulver
325 g dunkle Schokolade (mind. 70 % Kakaoanteil)
230 g Butter
1–2 TL lösliches Espressopulver
120 g brauner Zucker
350 g Zucker
5 Eier (Größe L)
1 Vanilleschote

Den Backofen auf 180 °C vorheizen.

Es ist wichtig, dass die Eier zimmerwarm sind, bevor Sie mit dem Teig beginnen. Weizenmehl, Salz und Kakaopulver vermischen. Schokolade, Butter und Espressopulver in einer Schüssel vermischen. Die Schüssel über kochend heißes Wasser hängen. Konstant rühren, bis alles geschmolzen ist.

Den Herd abschalten, aber die Schüssel weiter über dem heißen Wasser stehen lassen. Braunen und weißen Zucker in die Schokoladenmischung geben. Gut rühren, bis alles vermischt ist. Die Schüssel vom Topf nehmen. Alle Eier auf einmal hinzufügen. Vorsichtig vermischen. Die Eier nicht zu sehr mixen, sonst wird es Kuchenteig statt solcher für Brownies! Die Vanilleschote längs aufschlitzen und das Mark herauskratzen. Mehl-Kakao-Mischung und das Vanillemark in die Eiermischung einrühren. Alles gut verrühren.

Den Teig in einer mit Backpapier ausgelegten Form verteilen. Hier habe ich eine 15 x 20 cm-Form verwendet, aber man kann auch eine 18 x 26 cm Form benutzen. (Je kleiner die Form ist, desto höher werden die Brownies.) Nicht länger als 30 Minuten backen. Brownies, die zu lange gebacken wurden, schmecken nicht besonders gut!

Chocolate-dipped Brownies

Diese hier gehören zu meinen absoluten Lieblingsbrownies.

Beverly Hills Brownies (siehe Seite 196)

300 g dunkle Schokolade (mind. 70% Kakaoanteil)
Zuckerknöpfe als Dekoration

Den Backofen auf 180 °C vorheizen. Den Teig für Beverly Hills Brownies zubereiten, in einer 20 x 30 cm großen, mit Backpapier ausgelegten Form verteilen und ca. 30 Minuten backen. Im Gefrierschrank mindestens 1 Stunde abkühlen lassen, dann die abgekühlten Brownies in Stücke schneiden.

Die dunkle Schokolade schmelzen, die Brownies hineintauchen und mit Zuckerknöpfen dekorieren. Sie können bei Zimmertemperatur mindestens 3 Tage aufbewahrt werden.

Manhattan Brownies & Coffee Daim Meringue Brownies

Die Idee zu diesen Brownies bekam ich, als ich in New York war. Ich war in einer Bäckerei und verliebte mich sofort in diese Mini-Tarteformen. Ich nenne sie Manhattan Brownies, weil ich hier und da vom Geschmack von Manhattan inspiriert wurde … In New York habe wurden sie mit Eiscreme und frischen Früchten serviert … Einfach lecker!

Beverly Hills Brownies (siehe Seite 196)

ZUSÄTZLICH
150 g zerstoßenes Daim
Fett für die Formen

Vanilla Bean Frosting (siehe Seite 56)
1–2 TL Kaffeelikör oder lösliches Kaffeepulver
100–150 g zerstoßenes Daim

Himbeeren

Den Backofen auf 180 °C vorheizen.

Den Teig für Beverly Hills Brownies zubereiten und zerstoßenes Daim zusammen mit dem Rest der Schokolade hinzufügen. Den Teig in gefettete kleine Mini-Tarteformen verteilen und ca. 30 Minuten backen.

Vanilla Bean Frosting zubereiten. Das Daim in so kleine Stücke mahlen, dass es fast eine Paste wird, zusammen mit dem Kaffeelikör gut unter die Creme mischen und mit einer extra großen Tülle einen einfachen Swirl auf die Brownies spritzen. Den Ofentemperatur auf starke Hitze erhöhen und die Baisers in den Formen weitere 2–3 backen. Dann muss man sie nur noch abkühlen lassen, mit Himbeeren belegen und genießen …

Triple Deluxe Brownies

Wenn Sie an gute Schokolade denken und sie mal drei nehmen, bekommen Sie Triple Deluxe Brownies. Ein Schokoladenhimmel für alle, die Schokolade lieben. Wenn ich Gäste bekomme, serviere ich sie mit leckerer Eiscreme, flüssiger Schokolade und ein paar Früchten.

Beverly Hills Brownies (siehe Seite 196)

ZUSÄTZLICH
100 g dunkle Schokolade (mind. 70% Kakaoanteil)
100 g weiße Schokolade
1 TL lösliches Kaffeepulver
100 g Walnüsse

Vanilleeis

Fertige Schokoladensauce

Frische Früchte

Den Backofen auf 180 °C vorheizen. Den Teig für Beverly Hills Brownies zubereiten, aber zum Schluss dunkle und weiße Schokolade, Kaffeepulver und Walnüsse hinzufügen.

Den Teig in einer mit Backpapier ausgelegten 20 x 30 cm großen Form verteilen. Ca. 30 Minuten backen. Nicht länger backen, sonst werden es keine Brownies, sondern Kuchen.

Mit Vanilleeis, herrlicher warmer Schokoladensauce und Früchten servieren.

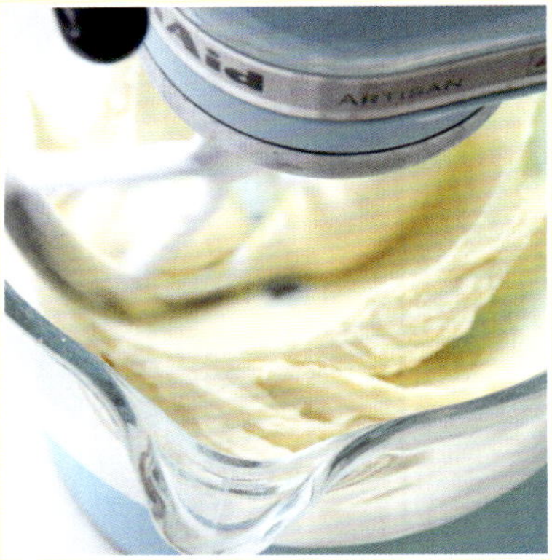

Lemonies

Lemonies sind sind weich, lecker und sehr einfach zu machen. Abgesehen von der Backzeit dauert es nur 5 Minuten, sie herzustellen.

85 g Weizenmehl
170 g Zucker
1 TL Salz
115 g zimmerwarme Butter
2 Eier (Größe M)
Saft von 1 Zitrone
Abgeriebene Schale von 2 unbehandelten Zitronen

ZITRONENGLASUR
150 g Puderzucker
2 EL Zitronensaft

Den Backofen auf 180 °C vorheizen. Mehl, Zucker, Salz und zimmerwarme Butter in eine Rührschüssel geben und gut vermischen. Eier, Zitronensaft und abgeriebene Zitronenschale verrühren. Die Eiermischung mit in die Rührschüssel geben. Weitere 30 Sekunden mixen, bis alles gut vermischt ist.

Den Teig in eine 10 x 15 cm große, mit Backpapier ausgelegte Form geben. Ich empfehle, dieses Rezept zu verdoppeln oder zu verdreifachen, wenn Sie die Brownies in einer Fettpfanne backen wollen. Ca. 25 Minuten backen, herausnehmen und ganz abkühlen lassen.

ZITRONENGLASUR
Die Zutaten miteinander mischen und die Glasur auf den Kuchen streichen.

Almond Joy Brownies

Diese Brownies sind nach der bekannten amerikanischen Schokolade Almond Joy benannt. Sie war meine Lieblingssüßigkeit, als ich in den USA gewohnt habe.

Beverly Hills Brownies (siehe Seite 196)

CHEWY-COCONUT-FÜLLUNG
180 g gesüßte Kondensmilch
1 TL reiner Vanilleextrakt, ersatzweise gemahlene Vanille
¼ TL Salz
400 g Kokosflocken
220 g Puderzucker

50 g gesalzene oder ungesalzene Mandeln

CHOCOLATE GANACHE ICING
220 g dunkle Schokolade (mind. 70 % Kakaoanteil)
1 TL heller Maissirup oder Glukosesirup
115 g Butter

Den Backofen auf 180 °C vorheizen. Den Teig für Beverly Hills Brownies herstellen, in einer 20 x 30 cm großen, mit Backpapier ausgelegten Form verteilen und ca. 30 Minuten backen. Im Gefrierschrank ca. 30 Minuten abkühlen lassen, dann lassen sich die Brownies leichter schneiden.

CHEWY-COCONUT-FÜLLUNG
Kondensmilch gut mit Vanilleextrakt und Salz verrühren. Dann Kokosflocken und Puderzucker hinzufügen. Am besten die Hände benutzen, denn die Masse muss gut vermischt werden, und mit dem Teigschaber ist es etwas schwierig.

Die Mischung auf den Brownieboden streichen und mit Mandeln bestreuen. Die Brownies 1 Stunde in den Kühlschrank stellen, bis die Kokosfüllung fest geworden ist.

CHOCOLATE GANACHE ICING
Alle Zutaten in eine Schüssel geben und die Schüssel über kochend heißes Wasser hängen, bis alles geschmolzen ist. Über die Kokosschicht gießen. Die Brownies rund 1 Stunde in den Kühlschrank stellen, bis das Icing erstarrt ist.

Chocolate Chip Dough Brownies

Meine Schwägerin aus den USA hat mir dieses Rezept gegeben. Auf dem Brownie-Boden ist Chocolate Chip Cookie Dough, und darüber ist herrliche geschmolzene Schokolade, mit Mini-Schokoladenchips bestreut. Brownies für alle, die Schokolade lieben … Ich sage nur yummy!

Boden
400 g Schokolade
280 g Butter
350 g brauner Zucker
6 Eier (Größe M)
150 g Weizenmehl
1 TL reiner Vanilleextrakt

Chocolate Chip Cookie Dough
170 g zimmerwarme Butter
170 g Zucker
150 g brauner Zucker
200 g Weizenmehl
2 EL Milch
2 TL reiner Vanilleextrakt, ersatzweise gemahlene Vanille
200 g Mini-Schokoladenknöpfe

Dekoration
50–100 g dunkle Schokolade (mind. 70 % Kakaoanteil)
50 g Mini-Schokoladenknöpfe

Den Backofen auf 180 °C vorheizen.

Schokolade und Butter in einer Schüssel über einem Topf mit kochend heißem Wasser oder in der Mikrowelle schmelzen. Braunen Zucker hinzufügen und gut verrühren. Alle Eier dazugeben und gut verrühren. Zum Schluss Mehl und Vanilleextrakt oder starken Kaffee hinzufügen. Den Teig in eine 20 x 30 cm große, mit Backpapier ausgelegte Form geben und 30 Minuten backen. Die Brownies abkühlen lassen, während Sie den Chocolate Chip Cookie Dough zubereiten.

Chocolate Chip Cookie Dough
Zimmerwarme Butter, Zucker und braunen Zucker schaumig schlagen. Mehl, Milch und Vanilleextrakt hinzufügen. Zum Schluss Mini-Schokoladenknöpfe oder gehackte Schokolade einrühren.

Das Topping auf dem abgekühlten Brownieboden verteilen und im Kühlschrank mindestens 1 Stunde kalt stellen. Kurz vor dem Servieren mit geschmolzener warmer Schokolade beträufeln und mit Schokoladenstückchen dekorieren.

Und dann nur noch genießen …

Tipp!
Ich stelle Brownies immer eine Stunde in den Gefrierschrank, dann ist es leichter, sie zu schneiden.

Pure Platinum Blondies

Dies ist der reine Himmel für alle, die Vanille und Fudge lieben. Wir nennen diese Brownies Blondies, weil weiße Schokolade darin ist. Selbst gemachte Crème pâtissière im Rezept ist das Geheimnis. Ein Stück, und Sie sind süchtig – I promise! Enjoy!

230 g Butter
260 g weiße Schokolade
440 g Zucker
5 Eier (Größe L)
160 g Weizenmehl
150 g Crème pâtissière (siehe Seite 66)
2 TL reiner Vanilleextrakt, ersatzweise gemahlene Vanille

Den Backofen auf 180 °C vorheizen.

MUFFINS
AND
CUP CAKES
LEVURE
I DON'T DO HOUSEWORK ON DAYS THAT END IN "Y".
© 2011 Half Moon Bay

Butter und weiße Schokolade im Wasserbad schmelzen. Den Herd ausschalten, aber die Schüssel über dem Wasserbad hängen lassen. Zucker hinzufügen. Ca. 1 Minute rühren, bis der Zucker aufgelöst ist. Die Eier hinzufügen. Nach jedem Ei ein paarmal vorsichtig umrühren, aber nicht zu viel.

Die Crème pâtissière zubereiten und zusammen mit Mehl und Vanilleextrakt hinzufügen. Den Teig in einer 20 x 30 cm großen, mit Backpapier ausgelegten Form verteilen. Ca. 30 Minuten backen, nicht länger. Bei Zimmertemperatur 1 Stunde ganz abkühlen lassen und danach 1 Stunde in den Gefrierschrank stellen.

In passende Stücke schneiden, dann eine wohlverdiente Pause machen, alles vergessen, was Hausarbeit heißt und herrliche Pure Platinum Blondies genießen!

Patisserie
SUCR
MUFFINS
AND
CUP CAKES
Patisserie
LEVURE
CAKES AND P

SCHON IN MEINER KINDHEIT BIN ICH SÜSSEN LECKEREIEN VERFALLEN – UND SIE SIND NOCH HEUTE EINFACH WUNDERBAR!

Manuela Kjeilen

Fudge Brownies

Fudge Brownies sind perfekt, um sie in Ministücke zu schneiden und in einer Dessertschüssel mit geschlagener Sahne und frischen Früchten zu vermischen … Oh, so köstlich!

250 g Butter
425 g Zucker
4 Eier (Größe L)
170 g Weizenmehl
1 TL Backpulver
300 g dunkle Schokoladenknöpfe
150 g reines Kakaopulver
2 TL reiner Vanilleextrakt, ersatzweise gemahlene Vanille

Den Backofen auf 180 °C vorheizen.

Finchè

Die Butter schmelzen, den Topf von der Platte nehmen, Zucker hinzufügen und ca. 30 Sekunden zurück auf den Herd stellen. Die Butter-Zucker-Mischung in eine große Schüssel umfüllen. Die Eier hinzufügen und leicht schlagen (nicht mehr als notwendig). Dann Mehl, Backpulver, Schokoladenknöpfe, Kakaopulver und Vanilleextrakt hinzufügen.

Den Teig in eine 20 x 30 cm große, mit Backpapier ausgelegte Form geben. 30 Minuten backen (nicht länger). In der Form 1 Stunde abkühlen lassen und dann 1 Stunde in den Gefrierschrank stellen. In passende Stücke schneiden und genießen.

Tipp!
In einer Schale zusammen mit geschlagener Sahne und frischen Früchten servieren.

Santé

Caramel Crunch Brownies

Super delicious brownies, die perfekt für Schleckermäuler sind. Rice Crispies im Karamell machen jeden Bissen herrlich crunchy. Enjoy!

Brownie-Boden
140 g dunkle Schokolade (mind. 70 % Kakaoanteil)
115 g Butter
170 g Zucker
50 g hellbrauner Zucker
3 zimmerwarme Eier (Größe L)
100 g Weizenmehl
Ca. ¼ TL Salz
1 EL reines Kakaopulver
1 TL reiner Vanilleextrakt

Caramel Crunch
550 g Zucker
1 Vanilleschote (nach Belieben)
150 g Sahne
75 g Butter
100 g Rice Crispies oder Smacks

Chocolate Ganache
125 g Sahne
300 g dunkle Schokolade (mind. 70 % Kakaoanteil)

Den Backofen auf 160 °C vorheizen.

I LOVE YOU
SWEETHEART

Schokolade und Butter im Wasserbad erwärmen, bis sie geschmolzen sind. Zucker und braunen Zucker hinzufügen und gut verrühren. Die Schüssel vom Topf nehmen. Alle Eier hinzufügen. Mehl, Salz, Kakaopulver und Vanilleextrakt einrühren. Leicht vermischen, aber nicht zu stark rühren!

Eine 20 x 25 cm große Form mit Backpapier auskleiden. Den Teig in die Form geben und 15–20 Minuten backen. Dann den Kuchen ganz abkühlen lassen.

Caramel Crunch

Zucker mit 150 ml Wasser in einen Topf geben. Die Vanilleschote längs aufschlitzen, das Mark auskratzen und hinzufügen, wenn gewünscht. Unter Rühren erhitzen, bis sich der ganze Zucker aufgelöst hat. Bei starker Hitze ca. 6 Minuten kochen. Den Herd ausschalten, wenn das Zuckerwasser karamellfarben geworden ist. Den Topf leicht zur Seite ziehen. Die Sahne unterrühren, dann auch die Butter einrühren und ca. 1 Minute gut verrühren. Rice Crispies unterheben.

Die Mischung sofort auf dem Brownieboden verteilen. Bei Zimmertemperatur mindestens 1 Stunde stehen lassen.

Chocolate Ganache

Die Sahne in der Mikrowelle erhitzen und über die Schokolade gießen. Etwas stehen lassen, dann verrühren und auf der Caramel Crunch-Schicht verteilen.

Bei Zimmertemperatur mindestens 2 Stunden stehen lassen. In passende Stücke schneiden und genießen!

I Love You
Sweetheart

Chocolate Truffle Pound Cake

Dieser Kuchen eignet sich super als Mitbringsel oder für Gäste. Ich dekoriere ihn oben mit süßen Cremerosen und einem kleinen Marzipanschild mit »With Love« als besonderen Dekor.

Chocolate Truffle
140 g Schokoladenknöpfe
3 EL Sahne

Kuchen
200 g Weizenmehl
1 EL Maisstärke
Ca. ¼ TL Salz
Ca. ¼ TL Natron
125 g Butter
300 g Zucker
1–2 TL Vanilleextrakt oder Mark von einer Vanilleschote
3 Eier (Größe M)
150 g saure Sahne

Zum Dekorieren
Dark Chocolate Cheese Frosting (siehe Seite 86)
Marzipanperlen (siehe Seite 70)
Marshmallow-Fondant (siehe Seite 28)

Den Backofen auf 160 °C vorheizen.

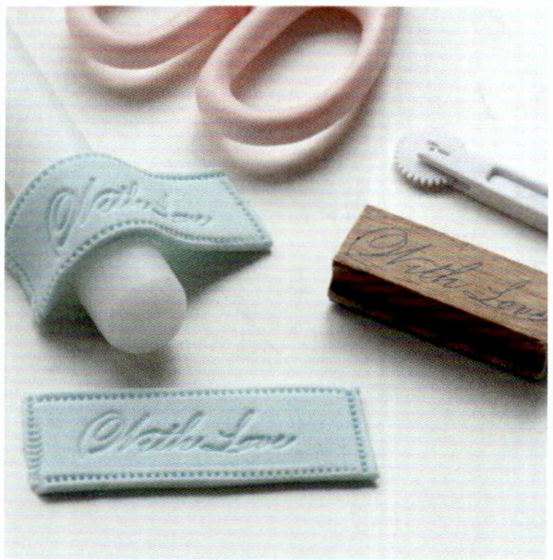

Mit dem Chocolate Truffle beginnen. Schokoladenknöpfe und Sahne zusammen in eine Schüssel geben. In der Mikrowelle 30–60 Sekunden erhitzen. Gut verrühren und ca. 1 Stunde in den Kühlschrank stellen, bis die Masse fest geworden ist.

Kuchen

Mehl, Maisstärke, Salz und Natron vermischen. Mindestens fünfmal sieben – das ist wichtig für ein gutes Resultat. Butter, Zucker und Vanilleextrakt in eine Rührschüssel geben und schaumig mixen. Die Eier nacheinander hinzufügen. Nach jedem Ei mindestens 1 Minute mischen. Saure Sahne und die Mehlmischung hinzufügen. Mithilfe eines Teelöffels oder eines Mini-Eisportionierers kleine Kugeln aus der Schokoladentrüffelmischung formen.

Eine kleine Kastenform mit Backpapier auskleiden. Die Hälfte des Teiges in die Form geben. Die Trüffelkugeln gleichmäßig auf dem Teig verteilen, dann den Rest des Teiges darübergeben. Auf der mittleren Schiene 70–80 Minuten backen. Den Kuchen in der Form ganz abkühlen lassen.

Mit Schokoladenrosen aus Dark Chocolate Cheese Frosting und Perlen dekorieren. Ich liebe es, solche Kuchen mit einem kleinen Dekor mit der Aufschrift »Made with Love« zu verschenken. Dafür verwende ich einen Stempel, drücke ihn in Fondant (Rezept auf Seite 26) und mache ein wenig Dekor mit einem Spezialwerkzeug. Dann rolle ich das Schild auf der einen Seite etwas, damit es ein bisschen Schwung bekommt. Wenn es fest geworden ist, lege ich es auf die Creme.

Lemon Luxury Loaf

Dies ist etwas für alle, die Zitronengeschmack lieben. Der Kuchen enthält abgeriebene Zitronenschale, Zitronensaft, Lemon Curd, ist mit Zitronensirup beträufelt und mit Zitronenglasur überzogen. Ja, er verdient wirklich den Namen Lemon Luxury Loaf, so unglaublich lecker, dass man es nicht schafft, auf ein zweites Stück zu verzichten – versprochen!

KUCHEN
230 g Butter
250 g Zucker
4 Eier (Größe L)
Abgeriebene Schale von 3 unbehandelten Zitronen
Saft von 2 Zitronen
3–4 EL selbst gemachtes Lemon Curd (siehe Seite 104)
100 ml Crème fraîche
1 TL reiner Vanilleextrakt, ersatzweise gemahlene Vanille
140 g Weizenmehl
1 EL Maisstärke
1 TL Backpulver
½ TL Salz
Sprühfett für die Form

Zitronensirup (siehe Seite 238)

GLASUR
240 g Puderzucker
Saft von 1–2 Zitronen

ZUR DEKORATION
Zitronenscheiben
Schokoladenperlen

Den Backofen auf 180 °C vorheizen.

Die Butter schmelzen und abkühlen lassen. Zucker, Eier, abgeriebene Zitronenschale, Zitronensaft und Lemon Curd in eine Rührschüssel geben. Ein paar Minuten mixen, bis alles gut vermischt ist. Die zerlassene Butter hinzufügen und dabei weiter mixen. Crème fraîche und Vanilleextrakt hinzufügen. Mit dem Mixen aufhören, denn für ein gutes Resultat darf nicht zu lange geschlagen werden. Der Teig ist dünn wie Milch, aber keine Sorge – er soll so sein. Mehl, Maisstärke, Backpulver und Salz mindestens drei- bis fünfmal sieben. Die Mehlmischung in zwei Portionen in den Teig geben. Mit einem Handmixer leicht zusammenmischen.

Eine 18 x 6 cm große Kastenform mit Speisefett einsprühen, mit Backpapier auslegen und den Teig hineinfüllen. Ca. 20 Minuten backen. Die Ofentemperatur auf 160 °C senken und weitere 30 Minuten backen. Den Kuchen mindestens 20 Minuten abkühlen lassen, bevor er aus der Form genommen wird.

Zitronensirup

Zitronensirup zubereiten, abkühlen lassen und über den Kuchen geben.

Je nach Wunsch den Kuchen bis zum nächsten Tag in den Kühlschrank stellen. Dann entfaltet sich der Zitronengeschmack noch mehr.

Glasur

Puderzucker und Zitronensaft mischen und auf dem Kuchen verteilen. Mit Zitronenscheiben und kleinen Schokoladenperlen dekorieren.

Zitronensirup

Fruchtsirup lässt sich wunderbar beim Backen verwenden. Mischen Sie ihn in den Kuchen- oder Cupcaketeig. Geben Sie ein paar Teelöffel ins Frosting für einen delikaten Geschmack, oder streichen Sie ihn über Kuchen und Cupcakes, um sie besonders saftig und lecker zu machen. Dieser Sirup kann mit jeder beliebigen Frucht gemacht werden.

200 ml Zitronensaft oder 100 ml Fruchtpüree gemischt mit 100 ml Wasser
200 g Zucker

Die Zutaten in einen Topf geben und erhitzen, bis sich der Zucker aufgelöst hat. In eine Schüssel gießen und abkühlen lassen.

Fruchtsirup sollte ein oder zwei Tage im Voraus gemacht werden, damit der Geschmack sich richtig entfalten kann.

TIPP!
Für Vanillesirup verwendet man 200 ml Wasser, 2 aufgeschlitzte Vanilleschoten und 200 g Zucker.

Bonheur

Whipped Vanilla Cream Cake

Dieser Kuchen enthält weder Butter noch Öl, aber er ist trotzdem weich und luftig. Er wird mit Sahne gebacken, ist einfach zu machen und schnell fertig. Ich habe in einer hübschen Gugelhupfform gebacken, aber man kann ihn genauso gut in einer normalen runden Form backen.

225 g Weizenmehl und etwas für die Form
15 g Maisstärke
2 TL Backpulver
1 Vanilleschote
230 g Zucker
350 g Sahne
3 zimmerwarme Eier (Größe L)
Sprühfett für die Form
Puderzucker zum Dekorieren

Den Backofen auf 190 °C vorheizen.

Den Backofen auf 190 °C vorheizen. Das Weizenmehl gut mit Maisstärke und Backpulver zusammen sieben. Die Vanilleschote längs aufschlitzen und das Mark herauskratzen. Zusammen mit Zucker und Sahne in eine Rührschüssel geben und ca. 3 Minuten luftig schlagen. Die Eier hinzufügen und mixen, bis alles gut vermischt ist, ca. 30 Sekunden. Dann die Mehlmischung in den Teig sieben.

Die Form mit Speisefett einsprühen und etwas Mehl hineinsieben. Den Teig in der Form verteilen und 30 Minuten in den Ofen stellen. Dann herausnehmen und in der Form mindestens 15 Minuten abkühlen lassen. Den abgekühlten Kuchen mit Puderzucker bestäuben.

Dieser Kuchen schmeckt wunderbar mit etwas geschlagener Sahne, frischen Erdbeeren und evtl. leckerer warmer Schokoladensauce … Mmmm, my favorite!

Christian Louboutin
Paris

Man begegnet im Leben
vielen Menschen – sie
kommen und gehen.
Aber nur wahre Freunde
hinterlassen Fußstapfen
auf der Seele.

Manuela Kjeilen

Candydelicious Cake

Dies ist die perfekte Torte für ein Kinderfest – ein herrlicher verspielter Geburtstagskuchen, der für die meisten Kleinen der reine Himmel ist. Die farbenfrohe Torte kann mit genau den Süßigkeiten dekoriert werden, die Ihr Kind am liebsten mag.

Doppelte Menge Teig für Vintage Vanilla Candy Cake (siehe Seite 170)

ZUSÄTZLICH
4 Bananen
Fett für die Formen

Candy Frosting (siehe Seite 60)

ALS DEKORATION
Lieblingssüßigkeiten

Den Backofen auf 190 °C vorheizen.

Eine doppelte Portion Teig für Vanilla Candy Cake zubereiten und am Ende zerdrückte Bananen hinzufügen. Den Teig in 3 gefetteten runden Kuchenformen mit 30, 20 und 15 cm Durchmesser verteilen und 25–35 Minuten backen. Die Backzeit wird bei der größten Kuchenform etwas länger, kontrollieren Sie also nach 30 Minuten mit einem Holzstäbchen. Die Kuchen herausnehmen ganz abkühlen lassen.

Candy-Frosting in drei verschiedenen Geschmacksrichtungen zubereiten – hier können Sie die Süßigkeiten nach Lust und Laune variieren. Candy-Frosting ist nicht so süß, und weil der Kuchen Banane enthält, wird die Creme über den ganzen Tortenboden gestrichen. Den zweiten und den dritten Tortenboden auf den ersten legen. Unter jeden Tortenboden ein Stück Pappe legen, sodass Sie einfach den obersten Teil abnehmen und zuerst aufschneiden können. Mit Creme bestreichen und mit Lieblingssüßigkeiten dekorieren.

Mein jüngster Sohn durfte diese Torte dekorieren. Er verwendete Unmengen an verschiedenen Süßigkeiten, und obendrauf steckte er Marshmallows am Stiel, siehe Seite 276. Mein tüchtiger Benjamin, Mamas guter Junge!

chenAid
ARTISAN

Sweets

Vintage Candy Cake Pops

Pink Cotton Candy & Cake Pops

Polkadot Cake Pops

Peanut Brittle & Cranberry and Chocolate

Vanilla Bean Meringue Baisers

Romantic Vintage Bubble Gum Marshmallows

Cotton Candy Lollipop Marshmallows

Pastel Baby Shower Marshmallows

Vintage Candy Cake Pops

Dies bringt mich zurück in meine Kindheit; erinnern Sie sich an die altmodischen Süßigkeiten mit Brausepulver darin, die auf der Zunge schmolzen? Oder die Armbänder und Ketten aus kleinen pastellfarbenen Pastillen oder leckere pastellfarbene Marshmallows? Ich habe diese Cake Pops in echtem Vintage Candy-Stil dekoriert, perfekt für beispielsweise einen Kindergeburtstag, bei dem die Kinder ihre Cake Pops selbst dekorieren dürfen.

½ Tortenboden oder Cupcakereste
3 EL Creme oder Frosting nach Lust und Laune
Lutscherstiele
Ca. 300 g weiße Schokolade und etwas für die Stiele
Vintage-Süßigkeiten oder andere Dekoration

SWEET

Wenn Sie Cake Pops machen, können Sie irgendeinen Kuchen verwenden, den Sie wollen, oder von dem Sie noch Reste übrig haben. Die Daumenregel für das Verhältnis von Kuchen zu Creme ist, dass Sie für einen halben Tortenboden 3 Esslöffel Creme benutzen. Sie können wunderbar Reste von Cupcakes, Kuchen usw. verwenden, und als Creme können Sie absolut jede benutzen.

Den Kuchen und die Creme gut vermischen. Ich benutze dafür einen Mixer. Um alle Cake Pops in die gleiche Größe zu bringen, können Sie einen Eisportionierer als Maß benutzen. Zu kleinen Kugeln rollen, auf ein Brett legen und das Brett für ca. 15 Minuten in den Gefrierschrank stellen. In der Zwischenzeit etwas von der weißen Schokolade in der Mikrowelle schmelzen. Zuerst 30 Sekunden in der Mikrowelle erwärmen und gut rühren. Wenn Sie das nicht tun, kann die Schokolade am Boden anbrennen.

Das eine Ende des Lutscherstiels in die warme Schokolade tauchen und in die Kugeln stecken. Die Cake Pops 10 Minuten zurück in den Gefrierschrank stellen, damit die Stiele gut in der Kugel festsitzen. Die restliche Schokolade in der Mikrowelle erwärmen. Gut rühren und aufpassen, dass sie nicht anbrennt – alle 30 Sekunden kontrollieren. Die Cake Pops aus dem Gefrierschrank nehmen und in die warme Schokolade tauchen. Mit leckeren Marshmallows und anderen Süßigkeiten mit etwas Vintage-Charme dekorieren.

SWEET

SWEET
RECIOUS

Pink Cotton Candy & Cake Pops

Dieses süßen Cake Pops sind perfekt für einen Prinzessinengeburtstag, und es macht Spaß, sie zusammen mit den Kindern zu machen.

½ Tortenboden oder Cupcakereste
3 EL Creme oder Frosting nach Lust und Laune
Ein paar Tropfen Zuckerwatte-Sirup
Ca. 300 g rosa Callebaut-Schokolade
Lutscherstiele
Zuckerstreusel

precious
sweet

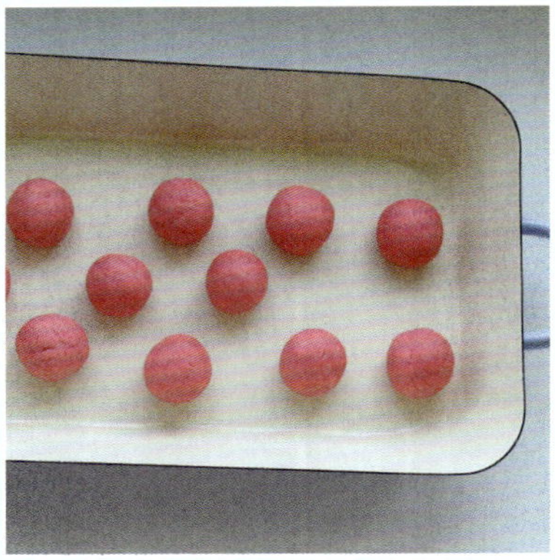

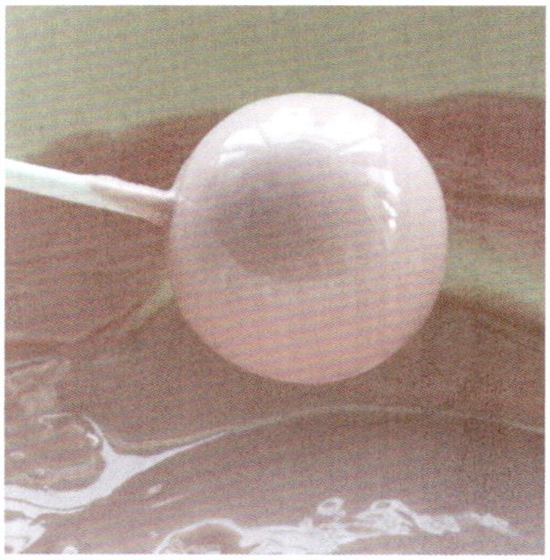

Zu Beginn die Kuchenreste zerkrümeln. Ich habe hier Reste eines rosa Vintage Vanilla Candy Cakes verwendet, um die tolle rosa Farbe zu bekommen. Frosting und ein paar Tropfen Zuckerwatte-Sirup hinzufügen. Alles gut vermischen und zu kleinen Kugeln formen. Verwenden Sie einen Eisportionierer, dann bekommen alle die gleiche Größe. 15 Minuten in den Gefrierschrank stellen.

Etwas von der Schokolade erwärmen. Das eine Ende der Stiele in die warme Schokolade tunken und in die Kugeln stecken. Die Cake Pops 10 Minuten in den Gefrierschrank stellen.

Die Kugeln aus dem Gefrierschrank nehmen, den Rest der Schokolade erwärmen und die Cake Pops eintauchen. Die Stiele gegen den Rand der Schüssel klopfen, sodass alle überflüssige Schokolade abläuft. Ein paar Minuten warten und dann mit Zuckerstreuseln bestreuen – wenn man das zu früh macht, fallen sie wieder ab.

Die kleinen Schleifen habe ich im Bastelladen gekauft. Ich habe sie mit Sprühkleber befestigt, den man auch im Bastelladen bekommt.

A LITTLE TREAT,
BECAUSE YOU ARE SWEET.

Manuela Kjeilen

ARTISAN

Polkadot Cake Pops

Die Idee zu diesen Cake Pops bekam ich, als ich Polly-Rocks-Schokoladenkugeln der Firma Cloetta mit Zitronen- und Lakritz-Geschmack kaufte. Die süßen Pünktchen sind von dem Band um die Schachtel inspiriert, das Sie auf der nächsten Seite sehen können.

½ Brownieboden
1–2 EL Lemon Curd (siehe Seite 104)
1 EL Lakritzpulver
Ca. 300 g Schokolade
Lutscherstiele
Runde Mini-Zuckerstreusel
Mini-Schleifen Zur Dekoration

LOVE

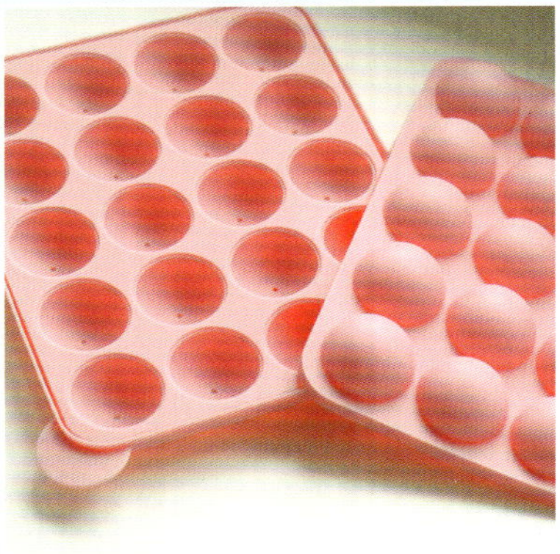

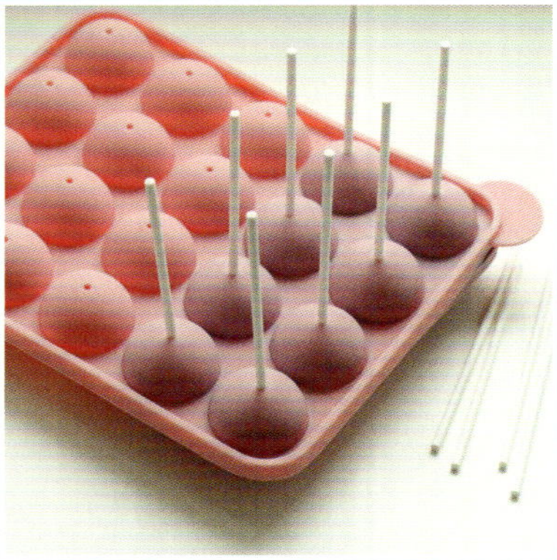

Die Brownies zerkrümeln. Lemon Curd und Lakritzpulver dazugeben. Gut vermischen. Mit einem Eisportionierer kleine Kugeln formen, dann bekommen alle die gleiche Größe, und ca. 15 Minuten in den Gefrierschrank stellen. Man kann auch eine Cake-Pop-Form verwenden.

Die Cake Pops aus dem Gefrierschrank nehmen und etwas von der dunklen Schokolade erwärmen. Das eine Ende der Stiele in die warme Schokolade tauchen und danach in die Kugeln stecken. Die Cake Pops weitere 10 Minuten zurück in den Gefrierschrank stellen.

In der Zwischenzeit die restliche Schokolade erwärmen. Ich benutze belgische Schokolade mit 70 % Kakaoanteil, aber wählen Sie Ihre Schokolade nach Lust und Laune. Die Cake Pops aus dem Gefrierschrank nehmen. In die warme Schokolade tauchen und gut abtropfen lassen. Den Schokoladenüberzug etwas trocknen lassen und mit kleinen runden weißen Zuckerstreuseln bestreuen und mit den Schleifen dekorieren.

Peanut Brittle & Cranberry and Chocolate

Dies ist ein herrlicher Snack, dem Sie alles hinzufügen können, was das Herz begehrt …

230 g Butter
225 g Zucker
150–200 g gesalzene Erdnüsse
1 TL reiner Vanilleextrakt, ersatzweise gemahlene Vanille (kann weggelassen werden)
50 g getrocknete Cranberrys
50 g Schokolade

Eine Fettpfanne mit Backpapier auskleiden und vorerst beiseite stellen.

Butter, Zucker und 50 ml Wasser in einen Topf geben und bei mittlerer bis starker Hitze unter konstantem Rühren ein paar Minuten erhitzen. Die Erdnüsse unter Rühren hinzufügen. Das Karamell ist noch nicht braun, aber weiter gut rühren. Eventuell Vanilleextrakt hinzufügen, falls Sie welchen zu Hause haben, ansonsten kann er weggelassen werden. Rühren, bis die Masse flüssig ist und eine schöne Karamellfarbe hat.

Die Mischung vorsichtig in der mit Backpapier ausgelegten Fettpfanne verteilen. Passen Sie auf, dass Sie sich nicht verbrennen! Mit allem bestreuen, was das Herz begehrt, bei mir waren es Cranberrys und Schokolade …

Ca. 30–60 Minuten abkühlen lassen und dann in Stücke brechen. Schmeckt herrlich und ist ein tolles Gastgeschenk, wenn man jemanden besucht.

A homemade gift, made with love …

a home is where the heart is

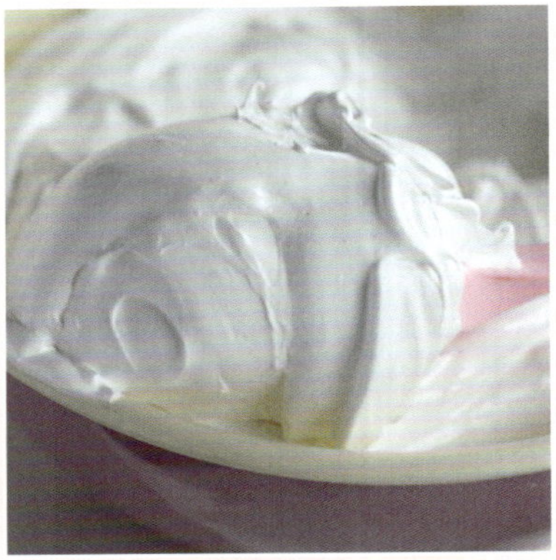

Vanilla Bean Merengue Baisers

Diese Baisers schmecken besonders gut, weil echte Vanille darin ist. Sie sind dekorativ als Verzierung auf Cupcakes oder anderen Kuchen, aber auch lecker als Süßigkeit für sich.

7 Eiweiß
425 g Zucker
1 Vanilleschote
Evtl. 1 Tropfen Lebensmittelfarbe

Den Backofen auf 100 °C vorheizen. Alle Zutaten in eine Schüssel geben. Wollen Sie eine hübsche Pastellfarbe, können Sie nach Lust und Laune 1 Tropfen Lebensmittelfarbe hinzufügen.

Wasser in einem Topf aufkochen. Die Schüssel über das kochende Wasser hängen. Mit dem Schneebesen ca. 4 Minuten schlagen, bis sich der Zucker aufgelöst hat. Dann die Masse in eine Rührschüssel geben und ca. 7 Minuten mixen, bis sich die Schüssel nicht mehr warm anfühlt. Schritt-für-Schritt-Bilder siehe Vanilla Bean Frosting auf Seite 56.

Die Masse in einen Spritzbeutel mit Wilton 1 A-Tülle füllen und kleine Häubchen oder Knöpfe herausdrücken. Dabei die Tülle etwas herunterdrücken und dann rasch wegziehen. Ca. 1 Stunde auf einem mit Backpapier belegten Blech backen. Dann den Backofen ausschalten und noch mindestens 1 weitere Stunde im Ofen stehen lassen. Dann muss man diese Leckereien nur noch herausnehmen, genießen oder als dekorative Verzierung auf Eiscreme, Cupcakes oder Kuchen legen.

Tipp!
Wenn Sie etwas variieren wollen, können Sie gehackte Nüsse, Schokoladen- oder Daimstückchen hinzufügen. Dann hat man keine süßen Pastellfarben – aber es ist trotzdem sooo lecker!

SwEEt
SwEEt

Romantic Vintage Bubble Gum Marshmallows

Hubba Bubba – der rosa Kaugummi aus meiner Kindheit – ist die Inspirationsquelle dieses Rezeptes. Ich wollte den Marshmallows einen romantischen Touch geben, also habe ich Kreise ausgestochen, sie in eine Muffinform gelegt und mit einem Fondantherz im Vintage-Stil dekoriert.

Fett für die Form
6 EL Gelatinepulver
Ca. ¼ TL Salz
700 g Zucker
400 ml Glukosesirup oder heller Maissirup
5–7 Tropfen Bubble Gum-Sirup (siehe Seite 288)
1–2 Tropfen rosa Lebensmittelfarbe
2 TL reiner Vanilleextrakt, ersatzweise gemahlene Vanille
Evtl. Puderzucker zum Bestreuen

ALS DEKORATION
Marshmallow-Fondant (siehe Seite 28)

Eine Fettpfanne bereitstellen. Ich verwende hier eine mit den Maßen 25 x 35 cm. Gut mit Fett ausstreichen.

Das Gelatinepulver gut mit 250 ml kaltem Wasser vermischen und beiseite stellen. 200 ml Wasser, Salz und Zucker bei mittlerer Hitze in einen Topf geben. Die Mischung auf 115 °C erhitzen (mit dem Zuckerthermometer messen). Falls Sie kein Thermometer haben, geht es auch ohne. Dann einfach den Herd 10 Minuten auf niedrigste bis mittlere Temperatur stellen. Die Masse in eine Schüssel umgießen.

Glukosesirup oder hellen Maissirup erhitzen. Die Gelatinemischung für 30 Sekunden in die Mikrowelle stellen, bis sie flüssig wird. Gelatine und Glukosesirup bzw. hellen Maissirup mit in die Rührschüssel geben. Bei niedrigster Geschwindigkeit ein paar Minuten schlagen. Das heiße Zuckerwasser hinzufügen, dabei weiter bei niedrigster Geschwindigkeit schlagen. Vorsicht – hier kann leicht heißes Zuckerwasser spritzen. Alles bei mittlerer Geschwindigkeit 8–9 Minuten mixen, bis es locker und schön wird. Bubble-Gum-Sirup, Lebensmittelfarbe und Vanilleextrakt hinzufügen. Alles weitere 2 Minuten schlagen. Ich habe nur einen Tropfen Soft Pink-Lebensmittelfarbe verwendet. Wenn Sie ein intensiveres Rosa haben wollen, fügen Sie ein paar Tropfen mehr hinzu.

Die Masse in die eingefettete Form geben. Etwas Speisefett auf die Rückseite eines Teigschabers streichen und die Masse glätten. 4–6 Stunden in der Form stehen lassen. Etwas Puderzucker auf die Arbeitsfläche stäuben und die Marshmallowmasse herausnehmen. Evtl. oben mit etwas Puderzucker bestreuen, wenn sie etwas klebrig ist.

Eine runde Ausstechform mit etwas Fett bestreichen, damit die Masse nicht daran kleben bleibt. Die Ausstechform fest in die Marshmallowmasse herunterdrücken und schnell wieder hochziehen. Weitermachen, bis die ganze Masse verbraucht ist. Die Masse kann evtl. auch mit einer sauberen Schere geschnitten werden. Mit einem kleinen pastellfarbenen Vintagedekor verzieren, ich habe hier Marshmallow-Fondant und First-Impression-Formen benutzt. Etwas essbaren Klebstoff auf die Rückseite des Dekors streichen, damit sie sich auf den Marshmallows halten. In eine rosafarbene Muffinform legen.

Just lovely!

Cotton Candy Lollipop Marshmallows

Das Grundrezept ist dasselbe wie für Romantic Vintage Bubble Gum Marshmallows, aber hier verwende ich Zuckerwatte-Sirup als Geschmacksrichtung. Ansonsten ist die Vorgehensweise genau dieselbe wie im Grundrezept. Sie können eine Farbe nach Wahl hinzufügen, wenn die Masse fertig gemischt ist – ich verwende Pastellfarben von Wilton in sky blue, rosa und gelb. Rühren Sie einfach ganz zum Schluss einen Tropfen Farbe ein.

Romantic Vintage Bubble Gum Marshmallows (siehe Seite 272)

ZUSÄTZLICH
Zuckerwatte-Sirup
Sprühfett für die Formen

Lollipop-Silikonformen
Lutscherstiele
Puderzucker

Die Masse für Romantic Vintage Bubble Gum Marshmallows zubereiten, aber anstelle von Bubble Gum-Sirup Zuckerwatte-Sirup verwenden. Sofort in einen Spritzbeutel mit großer Wilton 1 A-Tülle füllen.

Die Formen leicht mit Speisefett einsprühen. Das ist wichtig, sonst bekommt man die Marshmallows anschließend nicht gut heraus. Die Marshmallowmasse in die Formen spritzen. Sofort einen Stiel hineinstecken. Mindestens 6 Minuten in den Formen liegen lassen. Herausnehmen und in etwas Puderzucker wälzen.

Sweet

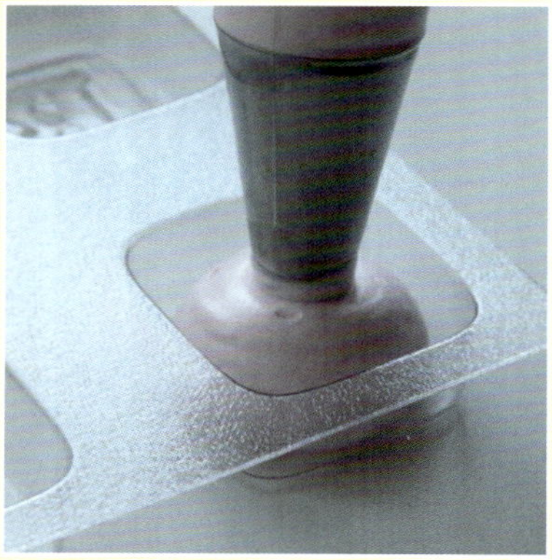

Pastel Baby Shower Marshmallows

Es macht solchen Spaß, kindisch zu sein und viele fluffige zuckersüße Marshmallows zu machen. Es ist unglaublich schön, sie in Verbindung mit einer Babyshower oder als Dekoration auf einem Kuchen für eine Babyshower zu machen. Dafür gibt es unendlich viele Möglichkeiten.

Romantic Vintage Bubble Gum Marshmallows (siehe Seite 272)

ZUSÄTZLICH
Kirscharoma
Evtl. ein paar Tropfen Lebensmittelfarbe

SÜSSE FORMEN
Sprühfett für die Formen
Puderzucker

Die Masse für Romantic Vintage Bubble Gum Marshmallows zubereiten, aber anstelle von Bubble Gum-Sirup Kirscharoma verwenden.

Die Masse sofort in einen Spritzbeutel mit einer großen runden Wilton 1 A-Tülle füllen. Am einfachsten füllt man Marshmallowmasse in einen Spritzbeutel, indem man den Beutel in ein Glas oder eine Schüssel legt, während man ihn mit Creme füllt. Arbeiten Sie schnell, denn die Marshmallowmasse wird schnell fest.

Die Formen leicht mit Speisefett einsprühen. Das ist wichtig, sonst bekommen Sie die Marshmallows hinterher nicht gut heraus. Die Marshmallowmasse rasch hineinspritzen. In der Form mindestens 6 Stunden trocknen lassen. Während des Trocknens mit etwas Puderzucker bestäuben. Dann etwas Puderzucker auf einen Tisch geben, die Marshmallows aus der Form nehmen, mit etwas Puderzucker bestäuben, und fertig sind sie!

B

HOME
SWEET
HOME
BABY
FLY
WITH

Tausend Dank

Tausend Umarmungen an den besten Ehemann der Welt, der mich die letzten beiden Jahre mit Mehl bedeckt und nach Vanille duftend in der Küche vorgefunden hat. Aber trotz Creme an den Händen und im Gesicht sagst du, ich sei die Schönste für dich. Deine Liebe und Unterstützung ist das, was ich true love nenne.

Ein großes Dankeschön auch an meine lieben Kinder Deborah Grace, 24, Daniel, 21, David, 16, Joseph, 15 und Benjamin, 13, Mama liebt euch. Besonderen Dank an meinen lieben Daniel für all die Hilfe, die ich in der Küche und bei langen Tagen mit Fotoshootings bekommen habe.

Ein warmes Dankeschön an meine Freundin Trude, die auch dieses Mal so viele schöne Fotos von mir gemacht hat. Jedes Mal, wenn ich die Bilder sehe, denke ich an den Spaß, den wir bei den Fotoshootings hatten. Damals, als du die Musik von Grease aufgelegt und wie eine Verrückte vor mir herumgetanzt und -gehüpft bist, um das richtige Lächeln hervorzulocken … You are so amazing!

Tausend Dank an Laila Adolfsen für die schönen Bilder von mir und meiner guten Freundin Janne Karlsen in Paris. Es hat einen Riesenspaß gemacht, mit euch zusammen zu sein!

Tausend Dank an Nina Juul für das fantastische Design. Ich bin so zufrieden!

Ein besonderes Dankeschön an Gunn E. Schmidt von Exlibris Media, die das Buch so viele Male durchgegangen ist, dass sie selbst Backexpertin geworden ist. Du bist absolut amazing und so smart!

Bjørnar von Exlibris, tausend Dank, dass ich noch einmal gefragt wurde, ein Backbuch zu machen.

Ich habe auch viele tolle Sponsoren aus Norwegen und der ganzen Welt, die mir viele wunderbare Dinge für dieses Buch zur Verfügung gestellt haben. Hier sende ich euch ein riesengroßes Dankeschön!

cacas.com
kakeboksen.no
Traktøren Kjøkkenutstyr Bogstadveien 25
Traktøren Kjøkkenutstyr Trondheim
Traktøren Kjøkkenutstyr Lagunen, Rådal
TilBords, Halden
Peggy Porschen Parlour, London
www.kitchn.no
www.howard.no
www.Dorothea.no
www.droetker.de
www.tartdecor.com
www.vsell.se
www.bagarenochkocken.se
www.siluett.se
www.americanfood4u.com
www.englishshop.se
www.leilasgeneralstore.com
www.thecakedecoratingcompany.co.uk
www.iblaursen.dk
www.canon.de
www.elegansia.se
www.headhair.no
www.by-momo.com
www.hudoteket.se
www.rivieramaisonwebshop.com
www.annak.nu

Rezeptregister, Kapitel

Rezeptregister, alphabetisch

passion4baking.com

Einer der größten Backblogs Norwegens mit mehr als 20 000 Besuchern am Tag. Wurde 2011 zu Norwegens beliebtestem Blog gewählt.

lovemanuela.com

Englischsprachige Ausgabe von passion4baking.com

SMEG

Bezugshilfen

In diesem Buch werden einige spezielle Zutaten und Utensilien verwendet, die im normalen Lebensmittel- und Haushaltswarenhandel nur schwer zu bekommen sind. Daher haben wir mögliche Bezugsquellen für Sie aufgelistet. Bitte beachten Sie, dass der Verlag keine Garantie für die Aktualität der Webadressen übernehmen kann.

Die in diesem Buch verwendeten **Spritztüllen** für Dekorationen stammen in den meisten Fällen vom amerikanischen Hersteller Wilton, der ein besonders breites Sortiment anbietet. Bestellen kann man die Wilton-Tüllen direkt über die Website des Herstellers www.wilton.com, aber auch deutsche Webshops führen die Tüllen, zum Beispiel www.torten-boutique.de, www.tolletorten.com, www.meincupcake.de, www.torten-kram.eu, www.pati-versand.de und www.kdtorten.de. Diese Hersteller führen auch anderes Backzubehör wie **kleine Backscheren** und **Ball Tools** (für das Modellieren und Blumen aus Marzipan oder Fondant auf Seite 76). **Perlenkettenformen aus Silikon** (für die selbst gemachten Marzipanperlen auf Seite 70)

CMC- oder **Tylose-Pulver,** wie es ebenfalls für die Marzipanperlen benötigt wird, bekommt man auch bei den Spezialversendern www.torten-boutique.de, www.tolletorten.com, manchmal auch als ‚Sugarcell' deklariert.

Das **Perlenpulver** für die Marzipanperlen auf Seite 70 ist vom Hersteller Rainbow Dust in verschiedenen schimmernden Farben erhältlich bei www.torten-boutique.de, www.meincupcake.de oder www.kdtorten.de.

Blumen-Modellierplatten zum Formen von Marzipan und Fondant (Seite 76) gibt es bei www.alb-backshop.de und www.backfieber-pro.com

Lakritzpulver für die Licorice Delight Dark Chocolate & Lemon Cupcakes auf Seite 80 kann man bei speziellen Versendern für Lakritzprodukte bestellen, zum Beispiel www.lakritzerie.com oder www.kado.de.

Götterspeise in der **Geschmacksrichtung Erdbeere** für den Oreo-Strawberry Cake auf Seite 176 wird hauptsächlich für den polnischen Markt produziert. Sie ist bestellbar über www.schlesier-welt.de oder www.waldfurter.de. Das alternativ verwendbar **Strawberry Jelly** von Hartley bekommt man bei Versendern für englische Lebensmittel wie www.candyandmore.de oder www.english-shop.de.

Manuela benutzt für das Rezept auf Seite 272 **Bubble Gum-Sirup**. Dieses stammt von der Firma LorAnn Oils und kann über deren Website www.lorannoils.com in der Kategorie ‚Super Strength Flavors' gefunden werden. In Deutschland finden Sie dies manchmal auch unter dem Stichwort ‚Kaugummi-Sirup'. Auch der **Zuckerwatte-Sirup** für die Rezepte auf Seite 258 und 276 kann bei LorAnn Oils in der gleichen Kategorie gefunden werden. Suchen Sie dort nach dem englischen Namen ‚Cotton Candy'. Sirups der gleichen Geschmacksrichtungen können Sie auch über www.sirup-shop.de von unterschiedlichen Herstellern, wie Monin oder Giffard, beziehen

Happy baking!